JN048633

NHK BOOKS
1281

シィエスのフランス革命
――「過激中道派」の誕生

yamazaki koichi
山﨑耕一

NHK出版

革命以前の地方区分（州名）と本書に出てくる地名

目次

第五章　立法府より執行府を——九五年憲法は何を変えたか　167

校閲　河津香子
180頁図版　原　清人
DTP　㈱ノムラ

序章　フランス革命の論じ方

従来のフランス革命観

フランス革命史はこれまで、聖職者（第一身分）・貴族（第二身分）と、平民（第三身分）もしくは平民上層部の「ブルジョワジー」との間の、政治的・社会的闘争として捉えられることが多かった。その背景には、経済史を歴史学の中心に据えて、中世から近代への移行とは、封建制もしくは領主制と呼ばれる生産様式から資本主義と呼ばれる生産様式への移行であると捉える見方がある。すなわち、生産様式のこの移行に伴って、政治と社会での支配階級も貴族・領主から資本家（＝ブルジョワジー）へと移行するが、その転換期には、古い時代の支配層だった貴族と新しい時代の支配層たるべきブルジョワジーが、政治と社会における覇権をめぐって争うことになる。それがフランス革命だと見るのである。

この見方においては、さらに、ブルジョワジーの中で「商業ブルジョワジー」と「産業ブルジョワジー」が区別される。そして、商業ブルジョワジーは旧支配層と妥協しながら、変化を微《び》温《おん》的で最小限の改革に留めようとするのに対して、産業ブルジョワジーは古いものを徹底的に排除して新しい社会を築こうとする、とされるのである。

前者の、上からの改革の路線を代弁するのが「ジロンド派」であり、後者の下からの改革の路線を代弁するのが「山岳派《さんがく》」であるとされる。両者は一七九三―九四年の、いわゆる恐怖政治の時代に文字通り流血の戦いを繰り広げ、山岳派が勝利して徹底した近代化の路線がとられることになった。それ故《ゆえ》にフランス革命は「典型的な市民革命」と評価される。以上の見解は「ブルジョワ革命論」と呼ばれる。

本書の立場

フランス革命をこのように捉える見方は、理論的にすっきりしていてわかりやすい。また、フランス以外の国々を、「上からの改革で近代化した国」と「下からの改革で近代化した国」に類型化して相互比較するのに都合がよかったこともあって、日本においても第二次世界大戦後から一九七〇年代まで、学界で説得力を持っていた。

しかしフランス革命史の実証的な研究が進むと、産業ブルジョワジーという概念に対応する社会階層が実質的には見つけられないなど、必ずしも史実にそぐわない点が目立つようになり、ブルジョワ革命論を支持する歴史研究者は次第に少なくなっていった。だからといって、ブルジョワ革命論に代わってフランス革命の全体像をすっきりと説明できるような理論が提唱されたわけでもない。場合によっては「我が国のフランス革命研究は、端的に言えば焦点の定まらない拡散状況」とも批判される状態の中で、個別の分野に関する様々な実証研究が積み上げられているのが現状だと言えるだろう。

そのような学界の現状にあって、本書はフランス革命を、支配的身分もしくは支配的社会階層の変化・移行ではなく、アンシアン・レジーム期の絶対王政から、一七九一年の憲法における立憲君主政を経て共和政へと至る、政体もしくは国制の変化・移行として捉える。そうした視点に立った時に、一七八九年（見方によっては一七八七年）から一七九九年まで、約十年にわたったフランス革命の全体像が見えてくると思われるからである。（ブルジョワ革命論ではフランス革命のクライマックスは一七九三―九四年の恐怖政治期とされ、それ以降は「革命がもたらした混乱を収拾し、決着をつける時期」として、実質的には無視されてしまう。）そして、全体の狂言回しとしてシィエスという人物に焦点を当てるのである。

革命の全体を基本的に担ったのは「エリート」と呼ぶことのできる社会階層であった。彼らが目指したのは、人々がどのような身分ないし社会集団に属するかではなく、個人としてどのような能力を持つかということによって評価される社会や政治のあり方、すなわちメリトクラシーの実現であった。その点は、用語の解説を含めて第一章二節で説明することにし、ここではまずシィエスとは何者であったかを紹介しよう。

E＝J・シィエスとは誰か

本書の主人公であるエマニュエル＝ジョゼフ・シィエス（一七四八―一八三六）は、一七八九年一月に刊行された政治パンフレット『第三身分とは何か』の著者として知られる。確かにこのパンフレットは、折からの全国三部会開催の知らせを受けて、新たな政治改革への期待に胸をふくらませていたフランス国民に、斬新な希望と展望を与えた。すぐにベストセラーとなり、著者のシィエスは一躍、有名人になって、首都パリの第三身分議員に選出されることになった。

だが『第三身分とは何か』が有名になり過ぎたために、一七八九年から九九年までの十年間に及ぶフランス革命においてシィエスが果たした役割には、あまり関心が寄せられなかったように思われる。しかしこの十年間、シィエスはほとんど常に政治の第一線に位置していて、議会が進むべき方向を示唆し続けた。革命が激動の時代だったことを思えば、この点は注目に値する。

そのシィエスも、一七九三年夏から翌九四年夏までの一年間は、政治の表舞台から姿を消す。これは「革命政府の時代」もしくは「山岳派独裁の時代」と呼ばれる時期で、対外戦争と国内の反革命反乱に対処するために、ロベスピエールを中心とする公安委員会が独裁的な権力を握り、反対派を次々とギロチンで処刑した、恐怖政治の時代である。

従来は、すでに述べたように、フランス革命がもっとも急進化した時代として注目され、この時代があったからこそフランス革命が「典型的な市民革命」になったのだと考えられてきた。しかし、共和国の樹立という観点から見ればこの時代は、内外の戦争に対処するために臨時の一時的措置を取らざるを得なかったが故の停滞期であったと言えるだろう。

この時期にシィエスが政治を離れたのは、彼自身が臆病な性格だったことにもよる。しかしそれ以上に、国家存続の危機にあって、変化する状況の中で次々と臨機応変の策で対応しなければならない時代においては、シィエスのようにある程度一定したプログラムを持って、一つずつ順を追って実行していくタイプの政治家には出る幕がなかったことにもよるのである。恐怖政治の一年間のブランク自体が、逆に、彼がフランス革命においてどのような位置と役割を占めていたかを示唆していると言えよう。

しかし、恐怖政治が終わるとシィエスはすぐに復帰して、一七九九年にナポレオン・ボナパルトが政治権力を握るまで、再び政治の第一線に立ち続けることになる。

シィエス

このシィエスに着目することで、革命の表面におけるドラマチックな動きに目を奪われることなく、フランス革命はどのような共和政を生み出したのか、あるいはどのような共和政しか生み出すことができなかったのかを、見極めることができるだろう。

名前をどう表記するか

シィエスの具体的な姿は本書の全体を通して見ていくことにして、最初に名前の表記の問題を取り上げよう。

本書の主人公の姓は、洗礼台帳にSieyèsと書かれている。そしてシィエス自身も総裁政府（一七九五―九九）の頃からはSieyèsと記すようになっている。だからこれを正しい綴りと見做《みな》し得るし、これまで書かれた研究書もほとんどがこの綴りを採用してきた。

しかしシィエス自身が、一七八九年から九一年頃に発表したパンフレットでは著者名をSieyesと、二番目のeの上のアクサンを抜いて記しており、研究者の中にも、このアクサンはない方がむしろ正しい綴りではないかという説を唱える人がいる。どちらが正しいのかは判断しかねるが、日本語で表記する限りはアクサンの有無は特に重要ではない。

問題はその発音である。フランス語の綴りと発音の関係についての一般的な規則に従えば、カタカナでは「シエイィェス」もしくは「シェイェス」と表記すべきであるように思われる。高校の教科書でも「シェイエス」と表記されることが多いようだ。ところが、どうもそうではなかったらしいのである。

十八世紀には「正しい綴り」という意識があまりなく、人々は耳で聞いた音に合わせてそれらしい綴りで書いてしまうことが普通に行なわれていた。シィエスの場合も（厳密には最初の二回は国王役人である父オノレの名前で掲載されているが）一七八八年の王室年鑑ではSiéys、一七八九年版ではScies、一七九〇年版ではSyeyesとなっている。つまり、九〇年版の綴りでは発音が不明だが、その前の二つからは「シエス」（最後のスは子音のみ）と発音されていたと考えられるのである。またフランス革命期にジャーナリストとして活躍したカミユ・デムーランは、一七八九年に故郷の父親からの問い合わせに対し、「Sieyèsは Syessと発音するのだ」と返事している。

以上を総合すると、①この姓の発音は「シエス」だったこと、②一七八九年にシィエスが議員として活動するようになると、新聞の報道などでのみ名前を知った人がそれぞれに、多少異なる発音の仕方をするようになったことが窺われる。②のために、一七八九年に編集された九〇年版王立年鑑では綴りが微妙になったし、デムーランの父はパリにいる息子に正しい発音を問い合わせたのである。

これで問題が一つ解決したのだが、次は「シ」と「エ」のどちらにアクセントがあったのかが問われるだろう。この点に関しては決め手となる証拠はないのだが、一つ気になるのは、すでに記したように、シィエスは自らが著者となって出版するパンフレットには、しばしば著者名をSieyesとアクサン抜きで記していることである。一般にアクサンのついたe（èまたはé）は「エ」とはっきり発音されるのが原則である。シィエス自身がその点を意識して、敢えてアクサンをつけなかったのだとすれば、「エ」よりは「シ」にアクセントがあると理解すべきだろう。（綴りについて言うなら、シィエスは一七九五年には著名な政治家となっており、名前を読み間違えられる心配がなくなったため本来のSieyèsに戻したのだとすれば、綴りはやはりアクサンがついている方が正しいという結論になる。）デムーランが示したSyessという綴りも、「シ」にアクセントを置いた方が自然であるように思われる。それ故、本書では「シィエス」という表記を採用することにした。

「エ」の方にアクセントがあると考えて「シエース」と表記する研究者もおられることは承知しているし、それを間違いと決めつけることはできない。また「シエス」と表記すれば目下の問題は回避できるのだが、そうすると子音のみの「ス」が「シエ」と同じ強さ（＝母音つき）であるような印象が避けられなくなる。いずれにしてもすべての問題を回避できる名案がない中では、「シィエス」がもっとも妥当であるように思われるのである。

第一章では、シィエスの半生と、彼の思想を育んだ「革命以前」の社会の状況を見ていこう。

第一章

アンシアン・レジームとは何か――「特権による自由」と初期シィエスの思想

一　シィエスの生い立ち

エマニュエル＝ジョゼフ・シィエスは一七四八年五月三日に、南仏コート＝ダジュールのフレジュスで生まれた。これはカンヌとサントロペの間にあり、一七九九年には、シィエスとともにブリュメール十八日のクーデタを起こすナポレオン・ボナパルトが、エジプトから戻る際に上陸することになる町である。

エマニュエル＝ジョゼフは七人兄弟の五番目であり、彼が生まれた時に父のオノレはすでに五十歳近かった。職業は王税徴収官で、郵便監督官を兼ねていた。現代風に言えば町の税務所長が同じ建物にある郵便局の所長を兼ねているといったところだろうか。一応は国王役人ではあるが、経済的には倹《つま》しかった。二人の娘、アントワネット（一七三九年生）とマリ＝マルグリット（一七四三年生）はともに修道女になっている。娘に持たせる持参金を節約するために修道院に入れるのは、社会的な地位の割には収入の少ない家庭では当時、普通に行なわれていた慣習だった。男の子たちも父親は当てにできず、生きる道は自分で切り開かなければならなかった。

本書の主人公であるシィエスは後年、自分は虚弱だったために憧れていた軍人になることができず、親は自分を聖職に向かわせたと述べているが、彼の生涯を追ってみると特に病気がちだったとも思われない。恐らく、自分があまり向いていない聖職への道に進んだこと、そして結局は政治家として生きるようになったことへの言い訳なのであろう。

シィエスは地元フレジュスでイエズス会が経営するコレージュ（当時の中等学校）で学んだ後、父の知り合いの聖職者の世話を受けて、自分も聖職者になるべく一七六五年秋に十七歳でパリに出る。そしてサン＝シュルピスなどいくつかの神学校で学んだ後、一七七四年にソルボンヌで神学の学位を得るのである。

シィエスの思想形成

彼が聖職者への道を歩んだのは、世過ぎの道を教会に求めたからであって、信仰心によるものではなかった。彼自身が、一七九四年六月に執筆した自己弁護的な自伝のパンフレットにおいて、フレジュスの司教が父のオノレに対して息子エマニュエル゠ジョゼフの急速な昇進を約束したので、オノレは息子をパリの神学校に送り出す気になったと記している。そして、神学やキリスト教哲学には興味が持てず、数学や物理学、形而上学、道徳哲学、政治経済学に関する書物を読みふけったと述べている。その結果として、神学部の学生としての評判は悪く、成績も芳しいものにはならなかった。一七七四年にソルボンヌで学位を取った時、成績の順位は八十人中の五十四位である。

若いシィエスは政治経済学には強い関心があったようで、一七七五年には「経済学者への書簡」と題する論稿を著《あらわ》している。出版を意図していたが実現せず、草稿のままに留まったこの論稿は、フランス革命期のシィエスの政治社会に関する構想につながる考えが示されている点で、注目に値する。

ちなみに「経済学者 économistes」の語は、この時代のフランスにおいては、フィジオクラシーの立場に立つ人々（＝フィジオクラート）を指しており、フランソワ・ケネーがその代表である。彼らは、農業のみが余剰（＝純生産物）を生み出して、自らを再生産することを可能にする点で生産的であり、工業や商業は新たな価値を生み出さない不生産的な産業部門であると見做した（それ故「フィジオクラシー」は日本語では「重農主義」と訳される）。シィエスはこれを批判し、すべての産業部門が生産的であると主張している。彼によれば人間が生活するのに役立つものが財（biens）であり、それは「共有のもの」（空気、陽光、水など）と「固有（propre、英語のproper）のもの」からなる。人は自らの労働を加えることで生産物を自分に固有のものとするのであり、それ故に生産物はその人の所有（propriété、英語のproperty）となる。財のうちで他者と交換されるものが富（richesse）であるが、富は必然的に「固有の財」であり、労働によって作られるのである。ここにまず、素朴な形ながら、労働価値説の萌芽が見られる。

ついでシィエスは、人は単独で労働するよりも、社会を作り、手分けをして互いに協力しながら労働した方が、生産性が高くなると指摘する。言い換えると「共同生産的coproductif」な労働が富を効率よく生産するのであり、工業・運送・商業・科学技術の探求、さらには「社会秩序」＝「労働の良き組織（＝社会的分業）」を維持するための政治も、共同生産的な労働と見做される。分業を社会の基盤と見ているのである。

後に見るように、シィエスは一七八九年十月二日に出した地方の行政区画制度に関するパンフレットにおいても、社会的分業の有利さを説きながら、それを政治にも適用し、「政治は、代表制を通して、政治の専門家に委ねるべきだ」と主張して、「これ（＝分業の有利さ）はスミス博士の著作が教えていることである」と、アダム・スミスの権威を援用する。しかしシィエスは、一七七六年に出版されるスミスの『国富論』を読む以前に、独自の思索で自分なりの分業論を構想していたのである。

このようにシィエスは、分業論に基づいて「経済学者」を批判したが、政治論においてはフィジオクラートの影響を受けてもいる。「フィジオクラシー」の本来の語義は「自然による統治」

である。すなわち社会には、自然界と同様に、本来のあるべき姿＝自然法が存在し、立法とは基本的に自然法を認識して、それを法文に表現する作業だとフィジオクラートは考えるのである。同じ理由で、経済政策においては自然に任せる自由放任政策を唱道《しょうどう》する。また、自然法を認識した開明的な君主が、有能な補佐官に補助されながら独裁的に統治する「啓蒙専制君主政」が望ましい統治形態と考える。そうした発想が、とりわけ革命期の後半になると、シィエスの構想に多少は反映するようになるのである。

「教会政治家」

このように政治・経済・社会への関心を示していたシィエスだったが、生きるべき道はカトリック教会の聖職者である。とはいえ元々信仰心に篤《あつ》かったわけではなく、また平民の出身では司教に昇進することは期待できなかったから、信徒を相手にした司牧《しぼく》職に専念するつもりはなく、むしろ教会行政の分野でそれなりの地位を得ることを目指した。

収入を手にするためには聖職禄を入手する必要があり、一七七四年にようやく得られたが、「先任者が没したらそれを引き継ぐ」という条件であり、結果的には七年も待たされることになった。それでは当座の役には立たないから、翌七五年に司教のジャン＝バチスト・ジョゼフ・ド・リュベルサック（一七四〇―一八二二）の秘書となって、その任地であるブルターニュのトレギエに赴き、八〇年にド・リュベルサックがシャルトル司教に叙任されるとシィエスもシャルトルで司教代理に、さらに八三年には司教座聖堂参事会員になった。この間、トレギエではブルターニュ州三部会の聖職者議員を経験し、八六年にはシャルトルの教区を代表して、パリの教会裁判所の構成員になり、八七年から八八年にかけては新たに設置されたオルレアネ州議会の聖職者議員となった。

こうして教会法や教会行政、さらには当時の政治全般についての知識と経験を蓄えたわけだが、シィエスはその過程で貴族の特権に対する憤《いきどお》りも体験した。ブルターニュ地方はフランスの中でも社会的・文化的に後進地域で、貴族の特権（および特権意識）が強かったのだが、シィエス自身の回想によれば、ブルターニュ州三部会では貴族が第三身分に恥ずべき抑圧を加えるのを見て憤慨したし、パリの教会裁判所では聖職者層の持つ思想が時代全般から大きく取り残されている（「十八世紀の進歩の中に十四世紀が残存している」）ことに驚き、ある種の「爆発」が生じるのは不可避だと考えた。

またド・リュベルサックは国王の叔母であるマダム・ソフィとつながりがあり、その関係でシィエスは、自分がマダム・ソフィの聖堂付き司祭に任命されることを望んだのだが、ド・リュベルサックは有能なシィエスを自分の手もとに残すために、任命に必要な推薦を意図的に怠《おこた》った。シィエスは一七七八年四月三日の父親宛ての手紙で、自分の主人である司教への怒りをぶちまけているが、彼の貴族ないし特権層への憤怒にはこうした私的な恨《うら》みも加わっていたようである。

実際には、翌七九年六月にシィエスは望む地位を得られたのだが、マダム・ソフィが八二年三月に没してしまったので、結局のところ、この地位はシィエスのさらなる出世には役立たなかった。

この時期のフランス全体の状況に目を向けよう。一七七五年にアメリカ合衆国の独立戦争が始まると、フランスはアメリカを助けるために七八年から参戦した。しかしこの戦争は、それでなくても拡大していたフランス国家の財政赤字に決定的な打撃を与えた。新たな税制度の採用をめぐって政治状況が緊迫し、国制全体の改革へと問題が拡大して、一七八八年八月には、翌八九年の五月に全国三部会が召集されることが決まる。こうした政治的混乱を目にする中でシィエスの政治思想は一気に成熟して、『一七八九年にフランス代表が持ち得る実行手段についての見解』*Vues sur les moyens d'exécution dont les Représentants de la France pourront disposer en 1789*（以下『見解』）、『特権論』*Essai sur les privilèges*、『第三身分とは何か』*Qu'est-ce que le Tiers-Etat?*（『第三身分』と略称）の三点のパンフレットを、立て続けに著すに至るのである。

二　アンシアン・レジーム期フランスの社会と政治

右記の三点のパンフレットはほぼ同時期に書かれた一連のものと見做してよい。シィエス自身によれば、一七八八年の夏を地方で過ごしている時に、目下の問題は絶対王政との対決であると考えて『見解』を執筆したという。そして印刷まで済ませたのだが、パリに戻ってみると情勢が変わっており、大臣よりも特権貴族の方がより重大な問題だとわかったので出版は延期し、代わりに『特権論』と『第三身分』を大急ぎで執筆・公表したのだった。

ここで「絶対王政との対決」と「特権貴族（との対決）」が区別されているのだが、この二つがどのように違うのかは、フランス革命を理解する上でも一つのポイントになるので、ここで一旦シィエスから離れ、アンシアン・レジーム期フランスの社会と政治を見ておこう。

社団制国家とは何か

中世後期のフランスには様々な団体が存在した。州や都市のような地域的なまとまりをなす団体もあれば、同業組合のような職能団体、聖職者や貴族のような身分団体もあった。フランス国王は王国の統一化を進めるにあたり、そうした団体を権利義務の主体として認め、それぞれの団体が慣習的に持っていた権利（例えば馬具の同業組合だったら馬具の製造・販売を独占する権利）をその団体の特権として承認した。国王から権利義務の主体と認められて一定の特権を付与された団体を「社団」と呼ぶが、中世から存在する団体だけでなく、絶対王政期に入ってから社団として設立されるもの（例えば各種のアカデミー）もある。

各社団は、国王の権威が高まるほど、王によって保障される自分たちの特権もより確かなものとなるから、王が作り出す政治や社会の秩序を積極的に受け入れ、その権威を高めるために「自発的な服従」を行なうようになる。それによって王権の絶対化が進展する。言い換えると国王政府は、地域・職業・身分などに応じて細かく分かれた社団ごとに特権を認めて保護することで忠誠を確保し、中央集権をある程度進めることができたのだが、その代償として社団ごとに異なる区別と特権を尊重し続けなければならなくなった。これは、例えばイギリスとの経済競争に対処するために、全国一律の関税政策や通商政策、産業保護政策を効率よく執り行なうのを著しく困難、というより事実上不可能にしてしまう。国家と社会の社団的編成は、十八世紀後半のフランスにおいては、さらなる近代化を妨害する桎梏《しっこく》となっていたのだった。

ただここで注意しておかねばならないのは、各社団が特権を持つことが当時のフランス人には「自由」と意識されていたことである。すなわち、自由を「自分がやりたいことをやることができ、そうすることを他者から妨げられないこと」と考えるなら、例えば馬具職人は、馬具の同業組合のメンバーであり続けることで、親から子へと代々伝えられて慣れ親しんだ製法で馬具を作り続けることができ、組合の規制を守らない職人との不当な競争から守られて、安心して生活することができる。自分たちが代々慣れ親しんできた慣習が守り続けられ、従来通りの生活を続けられることこそが、当時のフランス人にとっての「自由」なのである。またその結果として各人が、それぞれ所属する社団に応じて異なる特権を持つこと、すなわち人々は基本的に不平等であることこそが自分たちが自由であることの証《あかし》だったのである。

また、国家の活動範囲が広がれば、それに従って財政支出も増えるが、フランス王国の建前では国庫の支出は国王家の収入で賄うべきことになっていた。実際には、いくら国王がフランス最大の領主貴族であっても、一つの家の領地からの収益だけで国家財政を負担することには無理があり、十六世紀末には歳出に占める王領地収入の割合は一割未満になっていた。すなわち徴税に頼らなければ国庫が立ち行かないのは自明だったのだが、税金を徴収するのは国王の当然の権利ではなく、新税を徴収する際にはその都度、国王が国民に必要性を説明し、その同意を得なければならないことになっていた。

つまり、各社団の特権を無視するような政策は採れないことと、自由に課税ができないことが、十八世紀後半のフランスの政治と財政を拘束していたのである。国王は自分が望む政策を王令で命じることが、新税の徴収も含めて、理論的には可能だった。しかし王令は、最高裁判所にあたる高等法院の台帳に登録されなければ、正式な決定とは見做されなかった。そして、高等法院の法官たちは自らも社団を構成しており、社団の特権に触れるような王令は、基本的に登録を拒否した。高等法院は「国民の自由」の擁護者、「民衆の父」と認められ、高等法院が登録を拒否するような王令を施行しようとするのは、次節で述べる「大臣の専制」と見做されたのである。

高等法院が王令の登録を拒否した場合、国王は自らが高等法院に乗り込んで登録を直々に命令する「親裁座」を開くことができた。高等法院といえども親裁座での国王の命令には逆らえなかった。しかし、親裁座を開かねばならないという事態そのものが国王の権威を傷つけるものであったし、親裁座の開催自体が新たな政治紛争を引き起こす危惧《きぐ》もあった。

王権と高等法院

こうした事態に関して、王権はただ手をこまねいていたわけではない。ルイ十五世の統治の末期に大法官となったモプーは、一七七一年に上級評定院を設置するとともに高等法院を改組して、その権限を縮小した。同じ時期に財務総監となったテレは、債務の一部履行停止と新税の設置によって、財政赤字をほぼ解消させた。しかしこれらの改革は高等法院を中心とする広汎な反対運動に遭《あ》って政治が混乱し、ルイ十五世が一七七四年に没すると、新国王ルイ十六世は世論の悪評を嫌ってモプーらを解任したため、結局は改革は挫折した。

新国王のもとで一七七四年に財務総監になったテュルゴは、州などの地域社団が徴収する国内関税を廃止して穀物流通の自由を実現したり、同業組合の特権を廃止して産業の自由を広げようと試みたが、やはり高等法院を中心とした反対勢力の抵抗に遭い、一年九カ月で辞任を余儀なくされた。アンシアン・レジーム末期のフランスでは、国家の社団制的編成を弱めて王権による中央集権化を強化することを目指す流れ（＝大臣の専制）と、社団制的編成に依拠して王権をコントロールすることで「社団による自由」（＝特権）を守ろうとする流れ（中心は高等法院）がせめぎ合っていたのである。中央集権化は国王政府の政策であるにしても、国王自身はあくまで「国民の父」であり、無条件で崇敬されなければならない。それ故「君側《くんそく》の奸《かん》」が代わって批判の対象になり、「大臣の専制」と呼ばれるわけである。

国王政府は孤立していたわけではない。十八世紀、とりわけその後半になると、西インド諸島を中心とする植民地でのプランテーション経営と、植民地産物の輸入・加工・再輸出、植民地で消費される織物の製造など、いくつかの新しい経済分野が広がり、その流れにうまく乗って社会的・経済的な地位を向上させる人々が、貴族か平民かという身分の差を越えて出現した。彼らは、身分の相違よりも個人としての才覚や能力が評価され、その評価に応じて社会的・政治的地位が決まる「メリトクラシー(＝能力主義・功績主義)」を求めるようになる。彼らはまた、前節で述べた「イギリスとの経済競争に対処するための、全国一律の関税政策や通商政策、産業保護政策」を国王政府に求め、極端に強い王権を支持するか否かは個人差があるにしても、どちらかと言えば「大臣の専制」を支持するのである。なお、メリトクラシーを求めるのは経済的に成功した人とは限らない。文筆業に励んで啓蒙思想家と呼ばれる人々も、『百科全書』を編集したディドロ(一七一三―八四)や『社会契約論』を著したルソー(一七一二―七八)のように経済的にはさほど裕福とは言えない場合にも、自身の知的能力によって高い評価と社会的地位を享受しており、メリトクラシーを体現していた。本書の主人公であるシィエスもまた、自己の能力に自信を持ち、それにふさわしい地位を得るのを当然と心得ていたのである。

こうした人々を、鈎括弧《かぎ》をつけて「エリート」と呼ぶとすると、身分的には貴族であっても「エリート」たることを自負する人の一部は、フランス革命が始まると「自由主義貴族」となり、身分制をはじめとする社団制の廃止に協力し、一七八九年八月の諸改革を積極的にリードすることになる。また革命が進行すると、国王自身をはじめとして多くの貴族が、後ずさりして伝統的な身分制・社団制的秩序の維持を支持するか、「エリート」が求める国家と社会の合理的な再編成に賭けるかをめぐって、文字通りに命がけの選択を迫られることになるのである。

一七八〇年代に入ると、アメリカ独立戦争への参戦（一七七八―八三年）などで財政赤字が拡大した。国庫の破産と貸し倒れを危惧した金融業者が一七八六年に、これ以上の国庫借入金には応じられないことを宣言すると、財務総監のカロンヌは早急な財政改革を迫られた。同年八月に彼が国王に提出した改革案の中心は、二十分の一税という税を廃止する代わりに、全土地所有者に課せられる「土地上納金」を新設するというものだった。この案自体が、身分の相違を無視して「土地所有者」というくくりで納税者を規定するという点で、身分という社団を無視するものであったが、同時に提案した他の計画も、身分の社団とともに州や都市という地域の社団の特権を弱めようとするものだった。すなわちモプーやテュルゴの流れを汲《く》んで、「国王への集権化」を目指す計画だった。

しかしこうした改革案は、すでに述べたように、高等法院に登録されなければ正式な王令とはならない。そして社団の特権を弱めるような王令を高等法院が拒否することは目に見えている。

カロンヌは、すぐに高等法院と対決することを避け、上層の貴族や聖職者、都市の代表などの中から国王が議員を指名する名士会を召集して、そこで自らの改革案を認めさせようとした。「名士会が承認した」という圧力をかけて、高等法院に登録を認めさせようとしたのである。しかしながら一七八七年二月に召集された名士会は、社団制の維持を主張する立場からカロンヌ案に反対し、カロンヌに代わったブリエンヌに対しても、新税を承認する権限があるのは（すなわち新税を承認すべき国民を代表するのは）全国三部会のみであるとして、改革案を承認しなかった。業を煮やしたルイ十六世は五月に名士会を解散して、高等法院と直接に対決する道を選ぶ。

この時期ブリエンヌを中心とする国王政府は、一七八七年六月に州議会の設置を命じる勅令を出しており、同年中に十九の州議会が召集されている。これは身分別議会ではあるが、第三身分の議員が聖職者・貴族の特権二身分の議員合計と同数になっており、投票は議員一人一票で行なうことになっていた。また各地域を一括した勅令でフランス全国一律に設置が命じられた。つまり身分と地域という二種類の基本的な社団の影響を弱めようとしていたのである。これ以外にも、プロテスタントへの市民権の承認、刑事裁判の改革、とりわけ拷問を伴う予審審問の廃止など、政府の主導で国家の世俗化と合理化を目指す「上からの改革」を進めようとした。

他方、パリの高等法院は、カロンヌ案とほとんど変わらないブリエンヌの財政改革案を登録するか否かをめぐって意見が割れた。それで高等法院は、一七八七年七月には国王政府の側がまず財政の現状を明らかにすることを求め、同月末には税制改革案の撤回と全国三部会の開催を要求した。新税に合意する資格のある国民代表は高等法院ではなく全国三部会だと、名士会と同様に主張したのである。

これに対して国王は八月六日に親裁座を開いて税制改革案を強制的に登録させ、同月十五日にパリ高等法院をトロワに追放した。しかし高等法院は国王政府の「大臣の専制」を批判して世論を味方につけるのに成功したので、九月四日に国王政府は、五年後の一七九二年に全国三部会を開催することを約束するとともに、高等法院をパリに復帰させ、自らの税制改革案を撤回した。

一七八八年の状況

こうして「社団と特権による自由」を擁護する高等法院側がまず勝利を収めたのだが、事態はさらに動く。国王政府側において、国璽尚書《こくじしょうしょ》のラモワニョンが司法制度改革を目指す動きを見せたので、高等法院が機先を制して、一七八八年五月三日に「王国基本法の宣言」を発したのである。新税への同意は全国三部会のみが行ない得ることと、州制度・司法制度は従来のまま守られるべきことが主張の中心で、つまりは、その時点での高等法院側の主張こそが「王国の基本法」であると宣言したのである。

国王政府はこれを一種の宣戦布告と見做し、主導者になった法官を逮捕するとともに、同月八日には親裁座を開いて、ラモワニョンが計画した司法改革の実施を命じた。高等法院を休廷とし、裁判機能のみで国政への発言権を持たない「大バイイ裁判所」を代わりに設置するというものである。

これに対して、休廷させられる地方高等法院と、それが存在する都市の住民を中心に全国に反対運動が生じ、高等法院の法官が町を退去する日や、新しい大バイイ裁判所の法官が着任する日には、いくつかの町で武力衝突が起こった。結局一七八八年八月にラモワニョンの改革は失敗に終わり、高等法院が復帰するとともに、翌八九年の五月一日に全国三部会が召集されることが決まった。つまりは高等法院が主張する「社団と特権による自由」の路線が国民の圧倒的な支持のもとに貫徹したかに見えたのだが、ここで事態が急変する。

復帰したいくつかの高等法院が九月二十一日に、来るべき全国三部会は、最後に開かれた一六一四年の際の形式に拠るべきこと、言い換えると各身分の議員は同数で、採決は一身分一票とすべきことを要求したのが、その原因である。高等法院にすれば、身分という社団と特権二身分の優位を前提とする開催形式が当然なのは自明だった。しかし「エリート」に属する平民上層部には、自分たちの経済的地位にふさわしい政治的権利の獲得を目指す動きが生まれており、「自由主義貴族」と呼ばれる人たちもこれに同調していた。彼らは、来るべき全国三部会では新税をめぐる財政問題だけではなく、社会制度全般の見直しを取り上げるつもりでいた。しかもつい前年には、すでに述べたように新しい州議会が開設されており、ここでは特権二身分の議員の合計と第三身分の議員の数が等しく、議員一人一票で採決が行なわれることになっていた。言い換えれば、身分特権をめぐって対立が生じた場合、特権身分の議員の何人かが第三身分の側につけば、平民の意見が採択される可能性があった。一身分一票では、その可能性は消える。社会の変革と近代化を目指す平民上層部から見ると、一六一四年の形式を主張する高等法院は身分特権の維持にこだわり過ぎていると思われた。

それまでの「大臣の専制」に代わって「特権貴族のエゴイズム」が、大きな問題として急速に人々の意識と話題に上《のぼ》ってきた。高等法院は、絶対主義的・権威主義的な国土政府に対する二年間の闘いに勝利したと思われたその瞬間に、国民からの支持を一気に失うことになったのだった。シィエスが「一七八八年の夏を地方で過ごしている時には、目下の問題は絶対王政との対決であると考えていたのに、パリに戻ってみると情勢が変わっており、大臣よりも特権貴族の方がより重大な問題だとわかった」と述べた背景には、以上のような事態の推移があったのである。

三『第三身分とは何か』

前節をまとめると、一七八八年夏に高等法院が「大臣の専制」への反対運動のリーダーとなっている時期には、シィエスも絶対王政に対抗して、国民の意思が反映する政治のあり方を模索し、

『見解』を執筆したが、九月二十一日に高等法院が貴族の特権の維持に汲々とする態度を示すと、それに反発して『特権論』を著した。そしてそれら双方をまとめる形で『第三身分』を世に問うたことになる。本節では『第三身分』を中心にしてこの時期のシィエスの思想と構想をまとめ、必要に応じて『見解』と『特権論』も参照することにしたい。『第三身分』からの引用は、稲本洋之助他訳の岩波文庫版（二〇一一年）を用いる。

第三身分論

最初に指摘しておきたいのだが、シィエスは『見解』の冒頭で、政治の問題を考える時には歴史を参照するのは役立たず、それよりも理性に拠って推論すべきであると述べているが、類似の記述が『第三身分』（二二七頁）にもある点である。シィエスにとって政治や社会の改革とは、歴史をさかのぼって過去の事例を参照したり、理想と思われる過去の姿への復帰を試みたりすることではなく、理性に従って合理的に構築される理念の実現を目指すことなのである。これはフィジオクラート的な姿勢と言えるだろう。この点をまず確認した上で、『第三身分』の書き出しから見ていく。

この論稿の構想は、かなり単純なものである。われわれは、三つの問題を立てることにしたい。

一　第三身分とは何か。――全てである。

二　第三身分は、これまで、政治秩序においてどのようなものであったか。――無であった。

三　第三身分は何を要求しているのか。――何がしかのものになることを。

（九頁）

シィエスの主著とも言える一七八九年のパンフレットは、この簡潔で力強い書き出しで知られる。この書き出しで読者の心をつかむことで、同時期に数多く出された政治パンフレットの中でも群を抜いたベストセラーになったと言っても過言ではない。本書は六つの章からなるが、前半の三章はそれぞれが一つずつ、この三つの質問とそれへの回答の解説である。第四章で直近の政治と社会の状況をまとめ、第五章と第六章で、「何がしかのもの」になった第三身分がさらになすべき課題に触れている。

第一章「第三身分は一個の完全な国民である」の冒頭で、シィエスは「民間の仕事」は農業、加工・製造業、商業、家内奉公人から学者・自由業までのサービス業の四種類からなっており、「公共の職務」は軍事、司法、聖職、行政からなるが、前者のすべてと後者の二十分の十九（特に、骨が折れて特権身分がやりたがらない任務）は第三身分が担っていると言う。国民に役に立つ業務は、すべて第三身分が担っているのである。しかるに貴族は、「公共の職務」のうちの収入が多く名誉になる部分を独占し、それを自らの世襲財産のように扱い、自己の個別的利害のために利用している。そうした独占は、排除された者の意欲をそぐとともに、優遇される特権層の能力をも蝕《むしば》んでいる。仕事の質を維持するためにも自由競争は必要なのである。それ故、特権層が排除されれば、第三身分は今以上の存在、「自由で生き生きとした全て」になるのである。

第二章「第三身分はこれまで何であったか。無であった」では、従来の全国三部会では第三身分代表として貴族が選出されており、第三身分は真の代表を持たなかったのだから、無であったとされる。そもそも国民とは共通の法律のもとで生活するものだが、あらゆる特権は共通の法に敵対するものであり、それ故に身分特権を持つ者は第三身分の代表にはなり得ないのである。

第三章「第三身分は何を要求しているのか。何がしかのものになることを」では、三つの要求が示される。①三部会に真の代表を持つこと、すなわち第三身分の中から自分たちの代表が選ばれること、②他の二身分を合わせたのと同じ人数の代表を持つこと、③採決は一人一票で行なわれることである。そしてこれら三つの要求は一体のものなのであり、すべてが揃って初めて、第三身分は特権層と対等の影響力を持ち得るとする。

シィエスの補足説明にも目を向けよう。①の要求に関して、シィエスは二点の補足をしている。第一は法服貴族の扱いである。司法に携わる職務のうちの裁判官もまた貴族だが、彼ら法服貴族は自らの実務能力によって貴族の位を得た、比較的歴史の浅い貴族層であり、三部会議員の規定では第二身分（＝貴族）とは見做されなかった。それ故に彼らは第三身分の代表を目指すのだが、シィエスは、法服貴族は今ではその入り口を閉じてカースト化しており、彼らを選出するのは真の第三身分代表の排除につながるとする。また上位二身分への従属に慣れ切っている者は平民の信任を受けるべきではないとも述べる。特に、封建制度を支える役人の地位にある者は要注意だとするのである。②の要求は一七八九年の全国三部会選挙で実現したが、シィエスは彼なりの人口推計から、特権二身分の人口は合わせて二十万人なのに対して第三身分は二千五百万ないし二千六百万人だとする。本来は議員数は有権者数に比例すべきなのであるから、第三身分と特権二身分の議員を同数にせよというのは、ひどく遠慮した、文字通りに最低限の要求なのである。③の要求を認めるか否かが、八九年五月に全国三部会が召集されると問題になり、それが政治状況全般に大きな影響を与えることになる。このことは次章以下で見ることにする。

このパンフレットの冒頭に掲げられた三つの質問に対する著者の回答は、一七八九年の前半、全国三部会の召集から開始の時期に提起される問題を見通し、それに的確な回答を与えていたと言えるが、『第三身分』の重要性は、さらにその先への理論的展望にあるだろう。とりわけ重要なのが、第五章「何をなすべきであったか、この点についての諸原理」で展開されている、憲法制定に関するシィエスの議論である。

分業による社会

シィエスによれば、国民はアプリオリ（＝無前提・無条件）に（シィエス自身の言葉では「自然法によって」）存在する。そして国民とは本来、政治的というよりは経済的な存在であって、自ら労働・生産し、生産物を自己のものとして享受する。すなわち労働と生産が所有（権）を生み出す。シィエスが想定する国民は常に、より多い生産とより豊かな享受を目指して絶えず努力する存在であり、そのために自由競争と分業が重視されることになる。先にシィエスが『第三身分』の冒頭部分で「民間の仕事」と「公共の職務」の双方をそれぞれ四つずつに区分していることを見た。一七七五年の「経済学者への書簡」で、社会的分業と協業の故にすべての産業部門が生産的であるとされていたことも、ここで思い出しておこう。分業と協業は表裏一体だから、人は生活資材を豊かにしようとすれば、必然的に社会を形成することになる。相互に対等な立場で協力し合う人々の全体が国民を形成する。そして『見解』によれば、個々の市民の自由とは「人的所有（＝自己の身体）」と「物的所有（＝財産）」の利用を強制されたり妨害されたりしないこと、すなわち生産と消費という経済活動を自己の意思で行なうことなのである。

つまりは分業＝協業に基づく経済活動こそが社会にとって第一義的なのであるが、この社会は自由と所有を保障する「後見的権威」がなければ安定的に存続し得ない。それ故に、人々の意思を結集して国家権力を生み出す必要が生じる。ルソーの『社会契約論』においては、人々は自然状態においてはバラバラに生活しているが、自己保存のために社会契約を結び、社会と国家を同時に形成すると想定されている。しかしシィエスにおいては国家とは、アプリオリに社会を形成している国民が事後的に作り出すものなのである。

『第三身分』においてシィエスは、まず国家形成の三段階を図式化する。第一は、そもそも共通意思が形成されておらず、人々の個別で私的かつ一時的な約束などによってのみ社会が維持されている段階であり、第二は人々が直接に集合し、話し合って共通意思を形成する段階、すなわち直接民主政の段階である。しかし国民の数が増え、居住地域が広がると、人々が一カ所に集まるのは不可能になるから、目下のフランスに適した第三の段階、すなわち人々が代表を選んで自らの権限を委託し、選ばれた代表が話し合って共通意思を明確化し、法文化する、代表制の段階に移ることになる。

国家の形成

第三段階での国家建設の理論的プロセスについては、シィエスは以下のように整理する。まず国民はアプリオリに存在し、存在するだけで完全であり、何ものにも束縛されない。国民は意思を持つ権利を譲渡することも放棄することもできず、国民の意思が法となる。法は憲法とそれ以外の法律に区別される。

憲法は、国家という団体に期待する役割を果たさせるにふさわしい組織・形式・規則を定めるもので、委任に拠る統治体には不可欠なものである。具体的には、立法権を持つ団体および執行権を持つ団体それぞれの組織と役割を規定する。憲法制定権力を持つのは国民自身のみであり、国民はその行使を、憲法制定のためのみに選ばれる特別代表に委ねる。それによって成立した憲法に従って、「憲法により構成される権力」、具体的には立法と執行に関する諸機関が成立し、憲法の規定に従って通常の法律を制定し、執行する。すなわち、日常生活においては人々は立法権によって制定された種々の法律に拘束されるが、国家が国民に法への服従を求めることができるのはそれが憲法に従っているからであり、憲法が正当なのはそれが国民自身の意思だからなのである。また憲法制定権力を持つ国民自身は、「憲法により制定される権力」とは逆に、憲法によって拘束されず、必要に応じて憲法を改正することができる。

「憲法制定権力」と「憲法により制定される権力」の区別は、シィエスが憲法理論にもたらした、現代にまで至る重要な貢献だったが、フランス革命においてはとりわけ切れ味を発揮する理論だった。シィエス自身が述べるように、たとえ特権身分の議員が「身分制と特権制はフランス古来の憲法による」と主張しても、国民代表は「我々にはその憲法を改正する権利がある」と言い返せるからである。シィエスは、近く召集される全国三部会が、自らを憲法制定のための特別代表に転化させる（もしくは特別代表の選挙に踏み切る）ことを展望しているのである。

以上が『第三身分』におけるシィエスの主要な論点であるが、政治論に関して『見解』でのみ述べられている問題を二点、補足しておきたい。命令的委任の問題と、「市民＝株主」論である。第一に、全国三部会においては命令的委任という制度が採られていた。各選挙集会は代表を選ぶ際に陳情書を作成するのだが、これは国王に対する請願を記す、文字通りの陳情書であるとともに、議会において議員が採るべき行動を指示する命令書でもあった。議員は議場で取り上げられる各議題に関して、陳情書で指示された通りに賛成もしくは反対をしなければならなかったのである。

『見解』は、この命令的委任の制度を批判している。それによれば、代表＝議員は国民全体の代表である。言い換えると自分の選挙区の意思に拘束されない。それには一つの理由が挙げられる。一つは便宜的なもので、もし議員が選挙区の選挙人の意思を代弁することしかできなかったら、議員同士が話し合って意見の相違を調整し、よりよい結論に到達することができなくなるからである。また選挙人は、議会で取り上げられるはずの問題すべてについて、前もって議員に指示しておくことはできない。だから選挙人は議員を信頼し、議員が議会で討議し、当初の意見と異なる結論ででも合意することを認めねばならず、そうすることによって議員は真に代表と言えるのである。もう一つはより理念的なものであって、各議員が自己の選挙区という個別の団体ではなく国民全体の代表として思考し、行動する時、議会は国民全体の意思を立法の形で表現すると言えるからである。

第二の論点は、シィエスは社会・国家を企業になぞらえて、有権者を社会の「株主actionnaire」と呼ぶが、ここで株の購入に相応するのは納税である点である。市民は税を納めるという行為によって、社会の「経営」に関して発言する権利を得るのであるが、『見解』においてはすべての担税者が、納税額とは無縁に、「株主」とされている。市民社会を基本的に経済的なものと捉えたシィエスは、政治も企業活動になぞらえて論じるのである。

特権批判

次に彼の特権批判に目を向けよう。これは主に『特権論』で展開されている。それによれば、そもそも法の目的は各人の自由や所有が侵害されるのを防ぐことにあるのだが、特権の特質は「共通の法」の外に立つことであり、具体的には法の適用を免除するか、もしくは法によっては誰にも禁じられていないものに関して排他権を設定することである。法は「他者に悪をなすな」と命じるものなのだから、その適用を免除するのは「他者に悪をなすことを認める」と言うに等しく、また特定人物に排他権を認めるのは市民の自由を損なうものであるから、ともに容認されるものではない。これがシィエスの特権批判の根幹である。

この根幹からいくつかの論点が導き出される。まず名誉特権であるが、これもまた、法が誰にも禁止していないものを特定人物に排他的に認めるのだから容認できない上、フランス国民のうちの二十万人に名誉を認めるために残りの二千五百八十万人を貶《おとし》めるのであるから悪習である。また特権が付与される時、共通利益は忘れられ、「特権者」としての個別利害のみが意識されるようになる。特権者は自分たちを国民全般とは別の特殊団体と捉え、支配欲と優越感にとらわれる。

特権が世襲である時、弊害はさらに大きくなる。長い時間をかけて名誉や血筋に関する宗教的とも言える考えが養成され、君主政下においては特権団体が必要物であるかのように意識されるに至る。しかし社会には、法の保護のもとに生きて活動する市民と、彼らを見守って保護する後見的権威しか必要でない。この権威への依存という概念を混用して、特権層は市民に服従を説くのであるが、市民は相互に対等で自由なのであり、「中間団体」*は社会に無縁で有害な存在でしかない。

シィエスによれば、社会の二大動因は金銭と名誉である。公共の尊敬を得る要素はそれぞれの職業にあり、その尊敬に値するものになろうという欲求が、金銭欲に対して必要なブレーキになるのだが、生まれるだけで名誉が手に入る特権層には、名誉に値する者になろうと努力する必要が生じない。他方で金銭は、他者に誇示するための浪費から出費がかさむので、絶えず不足する。それをカバーするために特権層は宮廷や教会になりふりかまわず寄生するのである。その結果、国費が特権層の虚栄のために浪費されるとともに、本来なら農業・製造業・商業などの拡大・発展に役立つはずの人材が、特権層の浪費を支えるために無駄に用いられている。名誉を君主政の原理とするのは誤りである。

＊　王権と国民の間にあって、両者を政治的に媒介する役目を果たす団体。教会や都市なども含まれるが、もっとも重要とされるのは貴族である。政治思想家モンテスキュー（一六八九―一七五五）は『法の精神』において、中間団体は穏和な君主政に不可欠のものとした。

以上がシィエスの特権（および特権層）批判である。中間団体の役割の否定、および君主政の原理を名誉とすることの否定はモンテスキュー批判であろう。ただし、ここで論じられている「特権」を、すべての社団がそれぞれに国王から保障されている独自の権利全般と捉えると、話の筋が通らないことは明らかである。シィエスが問題にしているのは、貴族のみに認められ、貴族の平民に対する優越感の源になっている名誉特権なのである。

そして右の要約だけを見ると、シィエスは冷静かつ理論的に名誉特権を批判したように思われるかもしれないが、実は特権を問題にする時の彼はかなり感情的である。革命前の若いシィエスがブルターニュ州三部会の貴族議員の横柄さやパリの教会裁判所の聖職者の蒙昧《もうまい》さに腹を立てていたことは、すでに指摘した。『特権論』でも彼は、自分自身の経験として、田舎の貴族が虚栄心と優越感から自分の家系を自慢する様子を、露骨な嫌悪感を示しながら記しているし、類似の記述はそれ以外にもあちこちで見られる。

また『第三身分』においても、警察沙汰や裁判の際にも特権身分と第三身分では扱いが異なることなど指摘しながら、「この点については、論じだせばきりもなく、腹が立つばかりなので、このくらいにしておこう」と記し、また「現在の状況では、卑怯な打算は全く許されない。前進か後退かだ。もし、この不公正で反社会的な一群の特権を一切廃止したくないのであれば、これらを承認し、正当とみなすとはっきり言えばよい。だが、一八世紀の終わりに、憎むべき封建制度の憎むべき果実が法律によって承認されることになると考えただけで、血が煮えくり返る」

（傍点は原文）と述べている。自分が仕える主人である司教ド・リュベルサックが自らの都合を優先して、シィエスをマダム・ソフィに推薦するのを怠った際にシィエスが見せた憤りを、これに重ねることができるかもしれない。

彼の特権批判は、「自分は知的・能力的に優れているのに、それにふさわしい地位や役割を与えられていない」という恨みと表裏一体であるように思われる。能力に乏しい人間が、単に血筋や家柄が異なるというだけの理由で優越的な地位を占めるのが、シィエスには我慢できないのである。逆に彼は、特権身分の人間であっても知的に優れていて開明的な自由主義貴族には好意的であるし、「憎むべき封建制度の憎むべき果実」という言葉とは裏腹に、制度としての封建制を正面から批判することはない。例えば聖職者は、シィエスによれば、教育者や医者と類似の位置を占める職業であって身分ではないし、聖職はすべての人に開かれているのだからカーストではない。貴族の地位は血筋によっており、その特権は職務ではなく人に付随しているのだから、明白なカーストであって否定されるべきだが、聖職者はそれとは区別されるのである。

また領主領地は、封建制から切り離して、土地所有一般の中に含められており、特に改革や廃止の対象とは考えられていない。シィエスの特権批判は、個人の能力が社会的に正当に評価されていない、つまりメリトクラシーが社会に貫徹していないことに対する不満と憤りの表明なのである。

続く第二章ではいよいよ、一七八九年からの革命の進展について、シィエスの視点から見ていこう。

第二章

一七八九年＝「シィエスの年」

一　全国三部会の開始と「六月の革命」

三部会の開催

一七八七年から八八年にかけての、「大臣の専制」に対する名士会や高等法院の抵抗、すなわち「貴族の革命」に端を発するフランス革命は、八九年に召集される全国三部会によって本格的になっていく。

その直前、一七八八年十二月二十七日の国王顧問会議では、財務長官ネケールの主導のもとに、第三身分の議員を倍増することが決められていた。第一身分（聖職者）と第二身分（貴族）の議員が約三百名ずつ、第三身分の議員が約六百名である。これにより、平民と特権二身分の議員は人数では対等になった（実際にはブルターニュ州の貴族は全国三部会をボイコットすることにして議員を送らなかったりしたため、第二身分の議員は予定よりもわずかながら少数になった）。しかし三部会での採決が議員一人一票で行なわれるのでなければ、この改革は実質的には意味を持たない。国王顧問会議では投票様式については意見がまとまらなかったので、これについては全国三部会が召集されてから定めることになった。つまり三部会は、開始早々から波乱含みになることが予想されることになったのである。こうした状況で三部会議員の選挙が全国で行なわれ、選ばれた議員が少しずつ上京してきた。

一七八九年五月五日にヴェルサイユ宮殿のムニュ゠プレジールの間で開会式が開かれたのだが、ここでは、第一身分の中の上級聖職者と第二身分は派手で豪華な式服だったのに、下級聖職者は質素な僧服で、第三身分も黒い簡素な服だった。しかも特権二身分が広い入り口から議場に案内されたのに対して、第三身分の議員は狭い入り口から導き入れられた。これ以外にも、身分の差を平然と見せつけるような扱いが見られた。こうした措置は、百七十五年前に開かれた前回の三部会の際の前例を踏襲しただけで、それ以上の意図は式典係にはなかった。しかし『第三身分とは何か』などのパンフレットで特権身分と第三身分は対等であるべきことが要求されており、前年に開設された州議会ではそれがある程度は実現されている時に、こうした無神経な扱いは平民議員の反発を否応なく引き起こしたのである。

この開会式でネケールは、三時間に及ぶ長大な演説を行なった（もっとも彼自身は途中で疲れたので、別の者に原稿を代読させた）のだが、もっぱら財政赤字にかかわる種々の細かい数字を列挙して、議員を退屈させた。言い換えれば財務長官は、全国三部会の議題を財政赤字の解消のみに限る意思を示したのだが、集まった議員たちはなんらかの政治改革を期待していたので、この演説に不満を抱いた。王権側と議員たちの間には最初から落差があったのである。

開会式が済むと、次の手続きとして議員の資格審査を行なわなければならない。各議員が正当な選挙で然《しか》るべく選出されたこと、ヴェルサイユに来ているのは選出された議員本人であることを確認するのである。六百人もの人間が入れるほど広い部屋はヴェルサイユ宮殿の中にはムニュ＝プレジールの間しかなかったので、第三身分の議員はそのままその部屋に残ったが、特権二身分の議員は国王の意向を汲んで、身分ごとに分かれて資格審査に取り掛かるべく、それぞれに割り当てられた部屋に移動した。これは第三身分の議員にとっては困惑する事態だった。彼らは、全身分の議員合同での審議と一人一票で行なわれる採決を望んでいたのだが、身分ごとに別々での資格審査を認めてしまったら、なし崩し的に身分別の審議と一身分一票での採決が既成事実化してしまいかねない。彼らは開会式翌日の五月六日には、イギリス議会に倣って自分たちを「庶民院」と呼ぶことを決めるとともに、特権二身分の議員に対して、合同審査のためにムニュ＝プレジールの間に戻るよう呼びかけた。そして三身分の合同が実現するまでは次の動きに移らないことにした。こうして六月半ばまで一カ月以上も時間が空費されることになる。

シィエスの登場

ヴェルサイユではこのような事態だったのだが、すぐ近くにある王国最大の都市パリでは、人口が多いために選挙集会の開催に手間取り、三部会が始まってもまだ議員を選び終わっていなかった。この町の第三身分の選挙人たちは、五月十九日になってようやく、定員が二十名の中の二十番目の議員としてシィエスを選出した。彼自身はシャルトルの聖職者身分の議員に選ばれることを望んでいたのだが、果たさなかったのである。

聖職者であるシィエスが第三身分代表の議員になることは、三部会で問題とされた。六月十四日の「庶民院」の審議では、シィエスの議員資格について九名の委員から疑義が表明されたが、審議の結果、問題なしとされたという報告があり、了承されている。シィエス自身が『第三身分とは何か』の第二章で、他身分の者が第三身分代表になるべきでないと主張していたが、問題にしたのは「身分」自体というよりは特権を持つ者か否かである。また同書の中で、聖職は身分というよりは職業であると主張していた。特権を持たない下級聖職者である自分が第三身分代表になることは、シィエス自身にとっては問題とは感じられなかったはずである。

全国三部会議員となったシィエスが五月二十七日に初登院した時、議会は議員の資格審査の進め方をめぐって膠着《こうちゃく》状態になっていた。第二身分の中には政治の改革を望む自由主義貴族もいたが、彼らは多めに見積もっても全体の四分の一程度だった。彼らが議員たちのイニシアティブを取ることはなく、第二身分全体としては第三身分との妥協を拒否し続けていた。それに対して第一身分は、平民出身の下級聖職者が多数を占めており、多少は柔軟だった。五月六日に全身分合同の資格審査を提案された際には拒否したものの、その投票は僅差（賛成百十四票、反対百三十三票）であり、その後も第三身分との合流を求める動きが続いた。上級聖職者の議員が必死にイニシアティブを取って、なんとか妥協反対を保っていたのである。

六月十日にシィエスは登壇し、議会で初めての発言をした。彼は、議員の資格審査なくして議会は活動を開始し得ないが、その審査は「国民代表の集合体」以外のものには拠り得ないと言う。それ故に「庶民院」が他の二身分に通告を出すことを提案するのだが、その通告案では「すべての国民代表は、どの市民階層に属する者であれ、活動的な議会に遅滞なく結集し、議会がその使命に取り掛かって目標を達成できるようにするのが緊急の義務であると、庶民院は判断する」、「誰が国民代表として投票する資格があるのかを前もって確認しておかなければ、活動的な議会は構成できない」とされる。そして特権二身分の議員が共同の資格審査のために「議会の間」（＝ムニュ＝プレジールの間）に来ることを求めるとともに、「全議員の点呼を一時間後に開始する。（議会の間に）現れない者は欠席と見做す」と宣言するのである。彼の提案は、細部での語句の修正は加えられたものの、ほぼ原案通りに採択された。そして十二日に特権二身分に送付され、その日の晩から「庶民院」は全議員の点呼を開始するのである。六月十日の時点でシィエスが「（身分の区別がなく単一な）国民の代表者」という概念を用い、それが他の議員にも受け入れられていたことに注目しておきたい。

六月十三日に、ポワトゥ選出の三人の下級聖職者議員が「庶民院」に合流し、その数は日を追うに従って増え始めた。議員の点呼と審査も形式的には終了した。同月十五日にシィエスは再び登壇し、資格審査は行なわれたのだから議会の設立が必要なこと、国民の少なくとも九十六パーセントから選ばれた議員たち（＝第三身分の議員たち）の議会が活動を停滞させているのはあり得ないこと、国民の一般意志を表明する権限はこの議会に属すること、この議会の名を「フランス国民によって承認・審査された代表者の議会」とすべきことを提案した。

この提案は賛成・反対の双方の立場からの活発な議論を誘発し、また何人もの議員がそれぞれに異なる議会名を提案して、討論は十七日まで続いた。最終的には十六日の午後にシィエスが自らの案を撤回して、代わりに「国民議会」とする案を提出した。これを含めて五つの案が十七日午前に採決にかけられ、シィエス案が賛成四百九十一票、反対九十票で採択された。なお六月十六日には続けて「現行の税はすべて非合法であるから廃止するが、混乱を避けるために会期終了までは臨時に徴収を続ける」という案が採択されたが、これはシィエスが『見解』の中で提案していたことだった。

六月の革命──「我々は昨日のままです」は何を意味したか

同月十九日、第一身分部会は百四十九票対百三十七票の僅差で国民議会への合流を決めたが、議長（司教）は即座に閉会にし、国王に介入を求めた。第二身分部会も、妥協はあくまで拒否しつつ、やはり国王の介入を要請した。それを受けて国王ルイ十六世は、三身分合同の親臨会議を開くことを決め、その会場の準備のために、二十日に第三身分部会（国民議会）の議場となっているムニュ＝プレジールの間を閉鎖した。いつも通りに登院してきた国民議会議員たちは、自分たちの議場が閉鎖されているのを見て、王権が自分たちに実力で攻撃をかけてくる兆候と考え、他に自分たちが集まれる広さのある場所を求めて、室内球戯場《ジュ・ド・ポーム》に移動した。そしてそこで、自分たちは憲法を制定するまで解散しないことと、状況に応じていかなる場所でも会合を開くことを誓った。ダヴィドの絵画で名高い「室内球戯場《ジュ・ド・ポーム》の宣誓」である。

会場整備に手間取って二十三日にずれ込んだ親臨会議において、ルイ十六世は独自の改革案を提示した。要約すると、自らが立憲君主になることを受け入れ、租税に関する特権を廃止するとともに、若干の政治改革を行ない、所有権は保障するが、身分制は基本的に維持するというものである。これは一七八七―八八年での名士会・高等法院の要求とほぼ同じ路線であり、国王は貴族層と妥協することで改革の幕引きを図ったのである。国王は「かくも見事な計画に関して諸君が私を見放すのであれば、私は単独で我が国民に善をなすであろう」と述べて、三部会の解散を示唆する脅しをかけた上で、その日は解散し、翌日から各部会に分かれて国王案について審議するよう命じて、退席した。

特権二身分の議員は国王の命に従って退席したが、国民議会の議員はその場に留まった。式部長官のブレゼ侯爵が現れて、議長のバイイに「国王の意向はお聞きになっていますね」と尋ねた。議長は「議会は審議すべきだと決めたのです。あなたから（議会に）直接言ってください」と答えた。ブレゼは退席した。カミュ、バルナーヴなどの議員が「自由な国民は命令を受けることはない」、「（議員）諸君は憲法を望む国民によって遣わされたのであり、必要だと認める限りはずっと集会を続けなければならない」といった発言をしたのを受けて、シィエスは簡潔に「我々議員は昨日のままです。討論をしましょう」と述べた。

この発言の趣旨は、これだけではわからないから、説明が必要であろう。鍵は、親臨会議の冒頭で国王が述べた、今次の全国三部会に関する宣言にある。その第一条の最後に国王は、「従って国王は、第三身分議員が今月十七日に行なった表決およびそれに続く表決は非合法であり、かつ国制に反するものであるが故に、無効であると宣言する」と述べたのである。すでに見てきたように、「庶民院」は六月十七日に、自分たちは（全国三部会の一部会ではなく）「国民議会」であると宣言しており、二十日の「室内球戯場《ジュ・ド・ポーム》の宣誓」によって、国民議会は必要に応じて自分たちの意思で会合を開くことを決めていた。これらの決議は、二十二日までは誰の反対も受けていなかった。ところが、もし二十三日になされた国王の右の宣言を認めるならば、自分たちは相変わらず三部会の中の一部会のままであり、国王の命令に従って集会を開いたり閉じたりしなければならないことになる。反抗すれば大逆罪にもなりかねない。そうした状況で「我々は昨日のままだ」と言うのは、「十七日と二十日の決議は有効なままである」と宣言すること、言い換えれば「国王の命令よりも国民議会の決議の方が正当性において優越する」と宣言することだったのである。それ故にシィエスは「討論しよう」、つまり「二十日に宣誓した通りに、自分たちの意思で集会を続けよう」と呼びかけたのである。

シィエスはこの発言で、実質的に君主主権を否定して国民主権を宣言したのであり、敢えて極言すれば、彼のこの一言でフランス革命は真に「革命」になったのである。一見すると地味で目立たない発言だったが、大胆で決定的な意味を持つ一歩を踏み出したのだった。十日にシィエスが議会で最初の発言をしてからの二週間の動きは、まさに「六月の革命」と呼ぶにふさわしいものであり、シィエスはその中にあって、もっとも重要な役割を果たしていたのである。

親臨会議での国王の解散命令にも拘《かか》わらずに第三身分の議員が集会を続けた際、国王は武力で強制的に解散させるため、兵をムニュ＝プレジールの間に派遣した。しかし、すでに散会した第二身分の議院のメンバーのうち、ラファイエットなどの自由主義貴族が事態を察し、ムニュ＝プレジールの間の前で抜いた剣を手に立ちふさがって、兵の入室を妨害したのだった。国王も、爵位を持つ貴族議員を傷つけるわけにはいかなかったので兵を引き揚げさせ、「国民議会」の反抗を結果的には追認することになった。さらに同月二十七日には、不承不承ながら、特権二身分の議員たちに国民議会に合流するように勧めた。七月九日、国民議会は自らの名を憲法制定国民議会と改めた。シィエスはすでに見たように、『第三身分とは何か』の第五章において、全国三部会を憲法制定議会に転化させるという展望を描いていたが、それがまさに実現したのだった。

二　封建制の廃止

バスティーユ事件と大恐怖

ルイ十六世はこうした議会を武力で解散させるために、軍をヴェルサイユ周辺に集めた。そして第三身分に同情的な財務長官のネケールを七月十一日に罷免《ひめん》した。このニュースが翌日パリに伝わると、人々は国王陣営からの攻撃を恐れて不安に陥った。彼らは自衛のために武装を求め、十四日に民衆がバスティーユに押しかけた。この要塞に保管されている火薬と弾丸の引き渡しを求めるためので、穏和に交渉する予定だったのだが、些細な誤解から武力衝突になり、バスティーユは攻め落とされた（図参照）。結果的には、この事件のおかげで憲法制定国民議会は生き延びたのだが、議員たちは「もし民衆の暴力が自分たちに向かうようになったら……」という不安を絶えず抱くことになる。

七月十四日のバスティーユ陥落のニュースは、革命的な民衆の蜂起によって専制のシンボルが打倒されたものとして、全国で反響を呼んだ。しかし歓喜の興奮は、その裏返しとして、「攻撃された国王や貴族が黙って引っ込むはずがない。きっと反撃してくるに違いない」という不安と恐れを引き起こした。

それでなくても農民の心の中には伝統的に、「貴族は邪悪であって、常に農民を飢餓に陥れようとしている」と考える「貴族の陰謀」と呼ばれる想念があって、凶作などの度にその想念が意識に上っていた。それらが混じりあって不安定な精神状態にあった農民は、「武器を持った貴族が馬で移動しているのを見た」、「森から見慣れない人が何人か出てきた」といった噂に接すると、

1789年7月14日、民衆はバスティーユに押しかけ、誤解がもとで武力衝突に至った

「いよいよ自分たちが襲撃される」という恐怖からパニックになり、集団で走って村から逃げ出すという事件が全国で相次いだ。これが「大恐怖」であるが、時には、恐怖心がやぶれかぶれの蛮勇に転化して、逃げる途中にある貴族の館を襲撃することもあった。またパニックが一旦収まると、「自分たちを怯えさせるような噂を振りまいたのは貴族の陰謀だ」と考えて貴族を攻撃することもあった。そうした出来事が全国に入り乱れ、相互に刺激しあって騒乱をさらに拡大したりしていた。中央での政治の混乱により、国王政府は行政機関としてあまり機能しなくなっていたので、国民議会がこうした社会情勢に対処しなければならない状態になった。

封建制廃止宣言

八月に入るとすぐに、議会は領主制の改革を論じた。これは、一方では理想的な社会の実現という啓蒙主義的な理念に基づくものだったが、他方では広汎な農民層に一定の満足を与えて、その興奮を鎮めるための方便を求めたためでもあった。指導層は封建制の廃止を検討したが、特権身分議員の反対が予想されたので、自由主義貴族の協力を仰ぎ、入念な準備がなされた。それで八月四日の晩に臨時の会議が開かれると、まずノアイユ子爵が、ついでエギュイヨン公爵が演壇に立ち、封建的諸権利の廃止を提案した。自らも失うものが多い上流貴族の「自己犠牲の宣言」とも言える発言は出席した議員の感動を呼び、彼らは先を争うように演壇に上ると、次々と自身が持つ特権の放棄を宣言した。こうして熱狂と感動のうちに封建制の廃止が宣言されたのである。

議会は二種類の封建的権利を区別していた。教会での宗教儀式で上席を占めたり、祭典の行列で先頭を歩いたりするといった貴族の名誉特権は、本来は公権力に付与される権利を貴族が横領ないし私物化したものと見做されて、無償廃止とされた。領主が農民から地代を取ったりする経済的特権は、領主の上級所有権に由来する正当なものと見做されて、有償廃止とされた。農民の側が二十年分（場合によっては二十五年分）の地代を一括納入すれば、それ以降の徴収は免除されるのである。

しかし議員たちは、一晩眠って「八月四日の晩の興奮」から醒《さ》めると、特権層の犠牲が大きすぎることに気づいた。それで揺り戻しの動きが起こり、四日の晩に決められた原則を法文化するのに同月十一日までかかる。できた法令が国王によって裁可されるのは十一月三日であり、有償廃止の権利と無償廃止のものをきちんと細かく整理・区別する法が成立するのは一七九〇年三月十五日であって、実際の廃止が全国で行なわれるには、それからさらに数年が必要だった。

農民たちは、議会が封建制の廃止を宣言したというニュースを聞いて、もう自分たちは領主から賦課を要求されることはないのだと大喜びしたのだが、秋になって収穫を済ませると、現実は何一つ変わっておらず、自分たちが相変わらず税を徴収されることに気づいて失望する。それが農民層の革命に対する不満につながり、ひいては革命の進展そのものに影響を及ぼすのだが、それは取り敢えずは先の話である。封建制廃止の宣言は差し当たっては農民に満足を与え、大恐怖を鎮めて、農村に一定の秩序を取り戻すことに成功したのだった。

教会十分の一税の廃止をめぐって

シィエスは、八月四日の晩の議会は欠席したのだが、十日に議会で発言している。教会が農民から徴収している「教会十分の一税」は、四日の晩の宣言では有償廃止とされたのに、その後の立法化の過程で無償廃止と決められたのは不当であると主張したのである。

彼の発言を見る前に、当時のフランス農民のあり方を見ておこう。十八世紀のフランスの農民の多くは小作農だった。つまり自らの農地は持たず、地主から土地を借りて耕作を行なっていたのである。小作だからといって貧農とは限らない。かなり広い農地をまとめて借り受けて経営する富農もいた。また土地を所有していても、それと併せて小作地を手に入れる農民も多く、自己の所有地のみを耕作するだけで十分な収入が得られる農民はむしろ少数だったのである。農民が耕作する土地の地主は、その農民とは別人物である方がむしろ普通であるということを念頭に置かないと、シィエスの発言は理解できない。

シィエスの主張によれば、教会十分の一税は、そもそも農地の所有者が自発的に納付を決めた貢納金だったのであって、一般の税のように上から強制的に徴収を命じたものではない。現在においては農業にとってむしろ桎梏となっているから廃止されるべきであろうが、その起源から考えると有償廃止の対象にすべきなのであり、現に四日の晩には有償廃止が宣言されている。教会十分の一税はカトリック教会全体にとって年七千万リーヴルほどの収益になるのであり、有償廃止にして買い取り金を国庫の基金にすれば、その基金の年利だけで聖職者の生活を賄うことができる。逆に無償廃止にしても、納付を免除されることによって利益を得るのは裕福な土地所有者であって、実際に農地を耕作する農民ではない。しかも教会十分の一税は、土地所有者の財産規模を納付額決定のベースにしているので、無償廃止にすれば富裕な者ほど有利になる。それよりは有償廃止にし、小規模の耕作民ほど買い取り価格が低くなるように設定すれば、彼らの労働意欲を刺激することができるのである。

シィエスは、有償廃止と無償廃止を分ける基本的原理に照らして、議論の筋を通すように主張したつもりだった。しかし彼自身が聖職者であるため、自分たちの収入を奪われまいとするエゴイズムからの発言と受け止められた。徴税権の移転によって俗人の手に渡っていた教会十分の一税は有償廃止、聖職者が徴収するものは無償廃止という提案をする者に関して、シィエスが「彼らは自由であることを望んで、公正であることを知らない」と発言したのも、無用の反発を呼んだ。彼は六月に全国三部会に登場して以来、常に有力なオピニオンリーダーの一人だったのだが、この発言を機に彼と他の議員の間には微妙な溝ができ、彼の影響力には陰りが見られるようになっていく。

サンスの廃止

教会十分の一税廃止の問題に関連して、時期は二週間ちょっと遅れるが、八月二十七日にシィエスが議会に提出した「封建的諸権利の買戻しに関する覚書」を見ておこう。ここで取り上げられているのは、サンス（cens）と呼ばれる封建地代の有償廃止にかかわる問題である。この地代は、本来はサンス賦課地（censive）とされる領地を受領した家臣が毎年領主に納めるもので、十八世紀にも、かなり形態を変化させながらも残存していた。これが八月四日の晩に有償廃止になったのだが、シィエスは二十七日の覚書で、買い取り価格の設定の仕方を問題にする。彼によれば、国民議会は封建的諸権利を「人格の自由を破壊するもの」と「土地・資産にかかわるもの」に分け、前者を無償廃止、後者を有償廃止とした。サンスについて見ると、「そもそも人はいかにして自分の所有物を獲得するか」という理論的な面からの検討と、「十二世紀にどのように封建的な所有関係が成立したか」という歴史的な面からの検討の双方から、封土《ほうど》とサンス徴収権はともに領主の正当な所有権に属するものであり、従って不可侵であることが確認できる。それ故にサンスを廃止するなら然るべき補償が必要となる、すなわち有償廃止でなければならないのだが、問題はその補償額である。

シィエスは地域ごとに異なる慣習や時代による変化、今後、有償廃止を進める中で想定される様々な事態など、いろいろな条件を挙げながら、誰もが正当と認め得る補償額を決定するのは極めて困難であることを指摘している。この覚書には明確な結論はない。「正当な補償額を決め得ないのだから、そもそも廃止はせず、従来通りの徴収の存続を認めるべきだ」とは主張していないが、有償廃止に賛成した上で補償額決定の道筋を示すわけでもない。結論部分では、単に「議会は性急すぎる熱意によって動かされているが、すべての所有を差別なく守らなければならない」と言うのみである。

シィエスがこの覚書を執筆した真の意図はむしろ、正面から取り上げているサンスの廃止とは別のところにあるように思われる。彼は、国民議会が封建的諸権利を「人格の自由を破壊するもの」と「土地・資産にかかわるもの」に分けたことを受けて、前者を「残酷・不条理で人の品位を汚すもの」、後者を「有益な諸権利」と言い換えている。すなわちシィエスは、封建制ないし封建的諸権利全般を一括して批判してはいない。次節で述べる七月の人権宣言案で言うところの「自己の所有」に抵触するもののみを否定するだけで、「事物の所有」については、その起源が封建制に基づいていても、尊重されるべき所有権一般に含めて、保護の対象と考えるのである。そうした姿勢において、この八月二十七日の「覚書」におけるサンスの扱いは、十日の演説での教会十分の一税の扱いと共通している。それは、さらに、第一章三節で見たシィエスの特権批判とも呼応しているであろう。

三　人権宣言

話をここで七月初めに戻す。議会は七月六日に憲法委員会を立ち上げていたが、バスティーユ事件と同日の十四日に改組し、シィエスも委員に任命された。ただしヴェルサイユにある議会はパリでの大事件は知らないまま、その日の活動をしていたのであって、日付の一致は単なる偶然に過ぎない。二日後の十六日、シィエスは人権宣言案の作成を議会から示唆された。本格的に憲法制定に取り掛かることになった議会が、まず人権宣言の作成から手をつけたのには理由がある。

国王や特権二身分の議員は確かに譲歩はしたのだが、その後の事態の動きを見ると、いつ再び国王が武力で議会を弾圧するかわからなかった。憲法を完成するまで議会が存続できるか否か、確かではない。それで、もし憲法が未完に終わり、自分たちが逮捕拘禁されることになっても、自分たちがいかなる理念を追求したのか記録が残るよう、憲法の基本原理を示すべき人権宣言を大急ぎで作成しようとしたのである。シィエスは、示唆に応じて、七月二十一—二十二日に『フランス憲法の予備考察』を著して、自身の人権宣言案を示した。*ここにこの時期の彼の社会と政治の構想が示されるのだが、この著作を取り上げる前に、同時期に発表された『パリ市に適用されるべき、憲法についての若干の考察』（以下『若干の考察』）を一瞥しておこう。

能動的市民の構想

シィエスはパリ選出の議員であるが、パリは地理的には一都市であっても、人口や経済力においては都市のレベルを抜け出ており、優に一つの県に匹敵した（といっても、県制度自体がこれから創出されるべきものだったが）。シィエスは右の『若干の考察』において、来るべき地方区画制度においてパリがどのように扱われ、どのような制度がこの都市＝県に創設されるべきかを論じた。そうしたパンフレットの趣旨そのものは、今考察しようとしている人権宣言案とは関係ないのだが、このパンフレットでシィエスは能動的市民と受動的市民の区別について触れている。

彼によれば、パリ市では人口六百人から七百人に一つの目安で第一次集会が設置され、これが、パリ市の市政を担当する者であれ、国の議会の議員であれ、代表者を選挙する際の最下部の単位となるのだが、その第一次集会で投票権を持つのは能動的市民のみであって、それになるには三リーヴルの「自発的貢納金」を納めねばならない。被選挙権を持つには十二リーヴルである。この貢納金の納入は完全に自由で自発的でなければならない。

この納入は、有権者として政治に参加する意思と熱意があることを示す証として行なわれる。言い換えると、「財産や収入の乏しい者」ではなく「政治的意識の低い者」を排除するのが目的なのであって、誰であれ納入する意欲さえあれば、納入を認められる。また将来においては、単に自発的貢納金の納入のみではなく、社会の相互扶助活動（la grande association）に参加していること、社会について一定の知識を有すること、労働に従事していることも能動的市民の条件

＊　シィエスは一七八九年の前半、『第三身分とは何か』などの執筆とほぼ同時期に、『オルレアン公殿下から州内バイイヤージュの代表に宛てた訓示』（*Instruction donné par S. A. S. Monseigneur le duc d'Orléans à ses Représentans aux bailliages*）を出版している。これは名目上はオルレアン公が自らの領地であるオルレアネ州代表の議員に宛てた訓示であり、シィエスはその匿名の代筆者であって、内容のどこまでがシィエス自身の思想であるか確定しがたい。このパンフレットの中でシィエスは、全国三部会の開催後すぐに人権宣言を出す必要を論じており、それは君主に対する国民の要求であるとともに、議員自身が守るべき原理の宣言でもあるとしている。ただしそこで基本的人権とされているのは「自由と所有」と言うのみであるから、人権宣言案の具体的な内容はやはり、七月の時点で構想したのであろうと思われる。

に付け加えられることになる。

　ちなみに、「自発的貢納金」として要求される三リーヴルは現在の金銭感覚からするといくらくらいだろうか。当時と現在では生活様式も貧富の差の激しさもまったく異なるから単純な比較はできないが、一つの目安を示すと、当時の一般庶民で夫婦と子供三人ほどの家族だったら、年収三百リーヴルなら普段はなんとか生活できるが、飢饉で食糧価格が高騰すると生活が破綻することになり、年収五百リーヴルなら、平穏な年には多少の蓄えを作り、飢饉の年にはそれを吐き出すことで、生活を維持できるとされていた。大雑把に言えば、一リーヴル＝一万円弱くらいと言えるだろう。ただし貴族なら倹しい家庭でも年収一万リーヴルを超えるのはめずらしくなかった。（その代わり貴族はその身分にふさわしい体面を保つことが要求され、種々の浪費を余儀なくされた。）またフランという貨幣単位もフランス革命期には用いられるようになり、十九世紀にはこちらが正式になるが、リーヴルと同じ価値なので、本書ではリーヴルで統一する。

　実はシィエスは一七七〇年代に書かれたと思われるノートの中ですでに、「主要市民（citoyens majeurs）」と「二流市民（citoyens mineurs）」という用語で、能動的市民と受動的市民に対応する区別を構想していた。しかし全国三部会直前の三点のパンフレットにおいては、この構想は触れられておらず、『見解』においては、納税者はすべて参政権を持つかのような書き方をしていた。シィエスは一七八九年七月の『若干の考察』において革命前の構想に立ち返ったとも言えるが、その時期がまさにバスティーユ事件における民衆の暴力を目の当たりにした直後であるのは示唆的である。

それに関連してさらに一点付け加えると、『見解』においては、小国においては直接民主政が行なわれるが、大国では代表制をとることになるとされていたのだが、『若干の考察』においてはパリのような都市においてでも政治は代表制によって行なわれるとしている。シィエスは民衆層の政治参加を排除しようとするようになったのである。

シィエスの人権宣言案

さて『フランス憲法の予備考察』がシィエスの人権宣言案であるが、これに関しては、①このタイトルで所見、予備考察、人権宣言案の三部からなる五十一ページのパンフレット、②人権宣言案のみからなる十ページのパンフレット、③憲法委員会で朗読され、議会議事録に収録された、予備的考察と人権宣言案からなる文書、の三点の文書が存在する。比較対照すると、細かく見れば一点ずつ異なるが、相違は文章を簡潔に練りあげた部分や、人権宣言の項目の順番を入れ替えたりする部分にあって、内容的には大きな違いはない。それ故、本書では、所見、予備考察、人権宣言案の三つすべてが揃っている①を史料として取り上げる。

このパンフレットの副題は「人と市民の権利の理論的な認識と論述」となっており、前章の一節に記したフィジオクラート的な発想が窺われる。序論である「所見」に続く「予備考察」では、人間の社会はなぜ、いかにして形成されるのかを、理論的にステップを踏みながら整理する。社会形成の各ステップが、人権宣言案における各項目に対応するのである。そして彼の社会形成論は、基本的には革命前の「経済学者への書簡」に示されたものの繰り返しである。すなわち、人間の活動は、一義的には経済活動を営むためのものである。人は自然が与える生活資材を採ってくることで生活するとともに、労働によって資材の量を増やしたり、よりよいものに作り変えたりする。（これに対応して、人権宣言案では、第一条で「人は自然から、不可避の欲求とともに、それを満たすための手段を受け取っている」と規定される。以下同様である。）

その際に、互いに協力したり手分けをしたりする方が有利であるから、人々は積極的に集まって「社会」を構築する。人々の能力は互いに異なるから、労働と生産、享受と消費において人は経済的には互いに不平等である。しかしこの不平等は権利の不平等をもたらすものではない。ルソーが想定する自然状態（三八頁・六九頁参照）と違って、「社会状態」は、こうした手段の不平等を、権利の不平等につなげるのではなく、逆に、手段の不平等が権利の平等を脅《おびや》かさないようにするのである。社会状態は人を気高く、より完全なものにする。市民が公共の費用を賄うために納税をするのは、自らが得たものを返却するに過ぎない。人は社会に入るにあたって、自己の権利の一部を犠牲にすることはなく、むしろ社会において人の自由は完全なものになる。自由とは所有を脅かされないことであり、公共のものと固有のものの双方に及ぶ。

諸権利の中の第一のものは、自己の人格と身体の所有であり、そこから自己の行動と労働の所有が派生する。行動の自由、思想と表現の自由も同様に派生する。他方で人間の外側にある事物は、誰のものでもなく、かつ自分が必要とするものは、自分が労働を加えて自分の用益に適したものにすることで、自分の所有とすることができる。これが、自己の(人格と身体の)所有と並んで重要な、事物の所有である。事物の所有の中でもっとも重要なのは土地所有である。他人が持つ自由を脅かさないことが、自分自身が持つ自由の限界となる。法がその限界を認識して示すのであり、法に触れないことはすべて、あらゆる人にとって自由である。自由はすべての人にとって一様・平等でなければならない。自由を守るには、法を保証する強制力が必要である。

ルソーは『人間不平等起源論』において、自然状態で発生する経済的不平等は、社会の形成とともに権利の不平等として固定され、拡大されるとし、また『社会契約論』においては、不平等を阻止するためには社会と政治権力を同時に出現させる社会契約を結ばねばならないが、その際に人は自然状態で持っていた自由の一部を放棄するとした。シィエスの人権宣言案はルソーを正面から批判し、否定していると言えるだろう。またルソーの『社会契約論』によって構想される社会=国家においては、不平等を排除するために、経済活動の自由よりは国家による規制の方が重視される点で「政治優先型」であるが、シィエスが描く社会においては経済活動の自由こそが一義的に重視されるのであり、政治権力は単に、スムーズな経済活動を保証するとともに、経済的不平等が権利の不平等に転化するのを防ぐためにのみ、自律的な社会に対して外から追加されるのである。

能動的権利と受動的権利

さて、自由を守るために法を作るとともに、法の保証としての強制力を樹立するために、社会には国家が必要とされるのだが、国制＝憲法を作る権利、言い換えると憲法制定権力は国民のみに存する。ここまでの論理は、半年ほど前に出版された『第三身分とは何か』と基本的に一致しているのだが、『フランス憲法の予備考察』においては、その先でニュアンスが微妙に変化する。シィエスは憲法制定に関して、国民は単に「委託する権力」を行使するのみだと述べるのである。すなわち国民は憲法制定権力を自ら行使するのではなく、自分では代表を選ぶのみで、この代表に憲法制定権力の行使を委託するのである。

ここで二つの権利が区別される。すべての人は、自己の所有を自由に用いて生活資材を生産・入手し、享受することができる。これが「自然的・市民的諸権利」であるが、シィエスは「受動的権利」とも呼ぶ。それに対して、社会の形成と維持にかかわる規則や制度を定める権利が「政治的諸権利」であり、これは「能動的権利」とも呼ばれるが、この権利に与《あずか》れるのは能動的市民のみである。シィエスの言葉では「すべての人が社会の利便を享受し得る。しかし公共の制度と秩序に貢献する者のみが社会という大事業の真の株主なのであり、彼らのみが真の能動的市民なのである」。政治的諸権利もまた平等でなければならないが、それは「すべての能動的市民が法の形成に関して同じ権利を持つ」ということ、つまり能動的市民の間のみでの平等である。

そうであっても、あらゆる公権力はあくまで一般意志の発露であり、国民自身から発するものである。国民の意志は譲渡されえない。代表者（＝能動的市民、および彼らによって選出される議員や政治担当者）が行使する権力は彼らに委託されているだけであって譲渡されてはいない。公職は特定個人の所有物にはなり得ないのであり、権力の行使は権利ではなく義務なのである。

こうして受動的市民は、名目上はあくまでも国民の一員であり、一般意志や憲法制定権力の担い手の一員であるが、実際上は政治から排除された。しかし、これと互いに補い合うようにして、『第三身分とは何か』には表れていなかった要素が『フランス憲法の予備考察』においては社会に関して記されている。社会の構成員は、単に個人的自由の保障を社会から得られるのみならず、社会の相互扶助活動からのあらゆる恩恵を受けることができるのである。公的所有物の利用、公共事業による雇用、公教育による能力の育成、さらには貧者に対する同胞市民からの扶助などである。これは、『若干の考察』において、将来的には能動的市民の条件として「社会の相互扶助活動に参加していること」が付け加えられていたことと呼応するであろう。能動的市民として政治的諸権利を行使するためには下層の人々の福利に貢献することが求められることと、受動的市民は政治的諸権利から排除される代わりに扶助に与れることが、対になっているのである。

しかし、人権宣言に関する議論は七月末に中断することになった。農村部の大恐怖に対処するために、封建制の廃止を先に取り上げなければならなくなったからである。その問題がひとまず片づくとすぐ、八月十三日に五名の委員からなる人権宣言起草委員会が新たに設けられ、人権宣言案の審議が再開した。宣言案の提出者は委員から外されたため、シィエスは起草委員にはならなかった。彼は前日の十二日に新たな案を提出しているが、七月の『フランス憲法の予備考察』での人権宣言案の項目の並べ方を修正しただけで、内容的な変化はない。十八日にミラボーが起草委員会を代表して議会で報告し、シィエス案を好意的に評価したが、原案として採用することは避けた。委員会はさらに草案を募集することを提案したのだが、議会はこれを退けた。翌十九日に議会はすでに提出されている草案を評価し、第六部会案を一位、シィエス案を二位とした。シィエス案は「あまりにも形而上学的」と評価されたのである。結局、第六部会案に議会が修正を加えたものが二十六日に「人および市民の権利の宣言」(通称・人権宣言)として採択された。

代表的なシィエス研究者であるポール・バスティッドは、採択された人権宣言に比べるとシィエス案は、①思想・表現・思想伝達の自由をより明確に規定している点、②同業組合に対抗する労働の自由を明確にしている点、③「社会は個人に奉仕する道具」という視点を打ち出している点、④社会的な扶助を受ける権利＝生存権を導入している点、⑤国民の憲法改正権を強調している点に特徴があると指摘している。同じく、シィエスの伝記を著したジャン゠ドニ・ブルダンによれば、採択された人権宣言の第四条「自由は他人に害を与えないすべてのことをなし得ることに存する。従って、各人の自然権の行使には、社会の他の構成員にこの同じ自然権の享受を保障する以外の限界がない。これらの限界は法によってのみ定めることができる」、第五条「法は、社会に有害な行動しか禁止する権利を有さない。法によって禁止されていないことはすべて妨げることはできないし、また、いかなる者も法が命じてはいないことを強制され得ない」には、シィエス案の影響が見られる。なおシィエス自身は、自案が原案として採用されないことが決まると、十九日から二十六日まで議会を欠席している。

四　国王の拒否権

封建制の廃止宣言、およびそれに関する法令と人権宣言はともに状況の産物という側面があったことは確かだが、国民議会が目指す革命の基本的な理念を示す点で本質的に重要な決定だった。問題は、議会が宣言すればそれだけで国家の正式な決定となるのか否かにある。当時の政治的な力関係からして議会の決定にはそれなりの重みがあり、国王といえどもあっさりと無視することはできないのは確かだった。しかしフランスは基本的に君主政をとっており、国王のなんらかの形での同意がなければ正式な決定とは見做せないであろうことも同様に確かだった。

議会は二つの宣言に対する国王の裁可を求めることにしたが、国王は賛否を曖昧にしたまま、裁可も拒否もしない。議会は国王相手の駆け引きを迫られ、国王に対する譲歩として拒否権が提案された。議会内の穏和派は、バスティーユ事件や大恐怖における民衆の暴力に怖気《おじけ》づいて、これ以上の過激化を望まず、国王に強い権限を委ねることで王と妥協・和解して、革命の幕を引くことを期待した。彼らは絶対的拒否権、すなわち議会が法案を採択しても国王が拒否したら、その法案は廃棄されるという制度を提案した。しかし議会の主流派は、それでは実質的に絶対王政の存続につながると考え、停止的拒否権、すなわち国王が拒否権を行使した時にはその法案の執行は停止され、議会は改めてその法案を審議し直すという措置を提案した。より急進的な議員は、そもそも国王に譲歩するために拒否権を認めること自体に反対した。

ちなみに現在、人々の政治的立場に関して、保守派・穏和派を「右派」、革新派・急進派を「左派」と呼ぶのは、一七八九年八―九月の国王に対して議会が取るべき態度についての審議に由来すると言われている。当時は各議員の議席は固定していなかったのだが、国王に好意的・妥協的な意見の議員は議長席から見て右側に、それに反対の議員は左側に座ったのである。

シィエスの代表制論

そうした状況の中、シィエスは九月七日に登壇し、国王の拒否権に関する自己の意見を表明した。彼はまず、法とは「被統治者の意思の表明」なのだから、「統治者」＝執行権・行政府が立法に介入することは、たとえ部分的であるにせよ、専制につながるのであり認められないとする。執行権は、法が制定された後にその法の執行に関与するのであって、立法自体に関与してはならないのである。従って執行権・行政権を統括する国王に拒否権を委ねることはできない。

だが国王は「筆頭市民＝国民の第一人者」という側面も持ち、その意味では「国民のための、執行権に対する本性的な監視者」である。そしてその資格においては国王も、議員とは別の意味における国民代表として、立法に関与することは可能である。しかし国民代表はすべて平等に、一人一票の投票権しか持つことはできない。特定の代表が他の代表よりも大きな影響力を持つことになったら、これもやはり専制につながる。従って国王は、「筆頭市民」として会議を主宰することは可能であっても、決定に及ぼす影響は他の議員と同様に一票を投じるのみであって、拒否権を認められることはないのである。

ここでシィエスはすぐに結論に行きつかず、話題を変えて、代表制はいかにあるべきかを論じる。彼は、フランスは単一の全体であり、またそうであらねばならないと、アプリオリに断言する。言い換えると、フランスは民主主義（＝直接民主政）によって統治される小国の寄せ集めではない。ここで彼が念頭に置いているのは、一つには新生のアメリカ合衆国のような連邦制をフランスは採らないということであろうが、それよりも重視されているのは、命令的委任の制度は認めないということである。すでに述べたように全国三部会においては、各議員の選挙区となっているバイイヤージュ（アンシアン・レジーム期の裁判管区の一種）の選挙民が選挙集会において陳情書を作成して議員に託しており、この陳情書には当該議員が三部会において取るべき政治行動が指示されていた。議員はこの指示に従って各議題に賛成または反対するのであり、議場での話し合いに応じて自らの態度を選択することはできなかった。

このようなバイイヤージュをシィエスは、選挙区で選挙民が議員の意思を決めてしまうという点で、比喩的な意味で「民主主義によって統治される小国」と呼んだのである。シィエスの考えは、選挙集会は「委託の集会」であり、選挙民は自らの政治的意思を表明することはせずに、議員に自分たちの政治的権限を委託するのだということである。そして議員は選挙区の代表ではなく、国民全体の代表なのであり、フランス全体を視野に入れながら他の議員たちと討論し、国民代表としての政治的意思を形成するのである。

古典古代の共和国におけるような、有権者自身が相互に討論し、国家意思を自ら形成するような民主主義をシィエスが認めないのは、社会のあり方が根本的に異なるからである。近代のヨーロッパにおいては、人々の日常生活は商業・農業・製造業などの経済活動が中心であり、政治的幸福よりも生産と消費に関心が向いている。すべての市民が立法に直接に関わるのに必要な教育を受けているわけでもなければ、そのための時間を持っているわけでもない。そのような近代ヨーロッパにおいては、政治も種々の経済活動と並ぶ職業の一つとして、政治的才能のある人に委ねた方が、社会全体がスムーズに回転するのである。従って議会のみが決定権を持つのであり、国民は立法府の声によってのみ（その政治的意思を）語るのである。

議会が誤る可能性

そのように代表制を捉えた時、新たな問題が提起される。国民代表が判断を誤った時、もしくはその可能性がある時、それが法として定められてしまうのをいかにして防ぐかという問題、言い換えれば「(立法を)妨げる権利」を誰に認めるかという問題である。そして、この問題を考える時には「筆頭市民」としての国王に停止的拒否権を認めるのも一つの選択肢としてあり得るとシィエスは認める。

ただこの発言はやや曖昧で、彼の真意がつかみにくいのだが、どうやらこれは停止的拒否権を主張する議員たちに一定の理解を示す譲歩であって、シィエス自身が本気で国王の停止的拒否権を主張するつもりではなかったと思われる。彼は、すぐに続けて、国王自身も誤る可能性があり、また次の会期まで再審議を延ばすのも現実的ではないので、停止的拒否権は、国王に付与するか他の機関に付与するかを問わず、議会の誤りを未然に防ぐ手段として実用的ではないと述べている。それよりも議会を二つか三つの部会に分け、部会ごとに別れて同一の議題について審議した上で、全員で採決する方が現実的で有効だとする。さらに一人の議員の任期を三年とし、毎年三分の一ずつを改選することで、議会に一定の継続性と経験の継承をもたらすことも有意義である。もちろん、これらの手段を用いてもなお、議会が誤りを犯す可能性は完全には否定できないが、外部機関に介入させるよりは議会自身が自らの誤りに気がついて修正するのを待つ方が、別の問題を誘発する危険は少ないであろう。従って結局のところ拒否権は、たとえ停止的なものにしても、国王に認めるべきではないというのがシィエスの最終的な結論である。

議会においては、八月の二つの宣言を裁可してもらうためには国王への譲歩・妥協もやむなしとする主流派が優勢で、民衆の暴力を恐れる穏和派の影響力も増していた。九月十一日に、来るべき憲法において国王に停止的拒否権を委ねることが決定される。しかも、国王がある法案に拒否権を行使した場合、それに続く二度の会期において二度続けて議会が同じ法案を可決した場合に限って、その法案は法として認められるというのだから、実質的には絶対的拒否権に近い。そこまで譲歩してでも国王と妥協したいほどに、民衆の暴力に対する議会の警戒心は強かったということである。

つまりはシィエスの主張は通らなかったのだが、彼の発言は、議会が誤る可能性に言及した点で興味深い。すでに見たように、『第三身分とは何か』においては、国民はアプリオリに自然法によって存在し、存在するというだけで完全であるとされていた。つまり、代表を通して表明される国民の意思は、まさに国民の意思だというだけで正しいはずのものだったのである。

ところが、八月十日に教会十分の一税の廃止は有償にすべきことを主張した彼の発言は議会によって否定された。シィエスは単に封建制廃止の論理を首尾一貫させることだけを考慮したはずなのに、彼自身が聖職者であったために、聖職者の利益を守ろうとするエゴイズムに発する発言と議員たちには受け止められ、オピニオンリーダーとしての彼の影響力は一気に減退した。シィエスは、条理に適《かな》った（と彼自身が考える）発言なら無条件に認められるわけではないという現実に突き当たり、議会が誤る可能性を考慮に入れざるを得なくなったのである。こうして『第三身分とは何か』から一歩外れたシィエスの政治思想がどのようなものに行きつくかは、九五年憲法の制定をめぐる議論（本書第五章）において見ることになるだろう。

五　地域の区画

県制度の構想

シィエスは一七八九年九月七日の演説の最後で、フランスの各地域を「民主主義によって統治される小国」にしないような区画制度の確立が、議会の取り組むべき次の課題であり、そのための委員会を設置することを提案していた。この時期に地方の区画制度が問題になった理由は三つある。

第一に、八月四日の晩に封建制が廃止された際に州や都市といった地域社団とその特権も廃止され、全国一律の行政制度が可能になったので、それを可視化する必要があったこと、第二に、従来の行政区画は複雑で混乱を招きやすかったので、それを修正する必要があったこと、第三に、来るべき国民議会の議員選挙に備えて、議員の選挙区と行政区画を対応させておく必要があったことである。憲法委員会が県制度案の作成に取り組み、九月二十九日に委員のトゥーレが原案を議会で発表したが、この案の実質的な作成者はシィエスだと推定されており、彼自身が十月二日に発表した『フランスの新組織に関する憲法委員会の報告についての所見』において、新たな地域の区画について解説している。

それによれば、フランス本国は原則として縦横十八リュー（一リューは約四千六百八十メートル）の正方形をした八十の県（デパルトマン）に分けられる。コルシカは、それとは別に島全体を一つの県とする。一つの県は縦横六リューの九つのコミューンに、一つのコミューンは縦横二リューの九つの小郡（カントン）に分けられる。ここでシィエスが「コミューン」と呼んだ区分は、実際に出来上がる制度においては郡（ディストリクト）と呼ばれることになる。この、すべてを画一的に正方形に区分しようという案自体はあくまでも理念に過ぎないのだが、現実の区画分けは可能な限りこの理念に近づけるように努力して行なわれる、とされる。

それにしても、それぞれの地域の自然地理学的な特性も、人々の生活圏や経済的な結びつきといった社会的条件もすべて無視して、一定の大きさの正方形に機械的に分割するのは、常識的に考えれば無茶であろう。しかしシィエスにとっては、その無茶を敢えて冒《おか》すところに、新たな区画制度を構想する意味があるのだ。なぜならばこの新しい制度が、国会議員の選挙や地方行政など、一国の政治の単位となるからである。

「制度が改まっても、ブルターニュ人はブルターニュ人のまま、プロヴァンス人はプロヴァンス人のままであり続けるだろう」とシィエスは言う。日常生活においてはそれでも構わない。しかし国政に関わる時には、そうした地域的・伝統的なアイデンティティは邪魔になる。フランス国民全体としての利害よりも、ブルターニュ人やプロヴァンス人としての州の利害が優先されかねないからである。

全国三部会における命令的委任とは、まさに議員を地元の利害の代弁者として扱い、地元の声を国王に届けること（のみ）を議員の職務として強制するシステムだった。しかし、来るべき議会における議員は、どの選挙区から選ばれたかとは無縁に、「フランス国民全体の代表」でなければならない。そのためには、それまでの人間的な絆やしがらみを断ち切るために、選挙区となる県は幾何学的・抽象的に設定された区画でなければならない。それによって「フランス国民はすべて、市民というただ一つのアイデンティティを持つことになる」とシィエスは言う。彼が構想する県制度は、フランスを「民主主義によって統治される小国」の寄せ集めとしないための手段なのである。

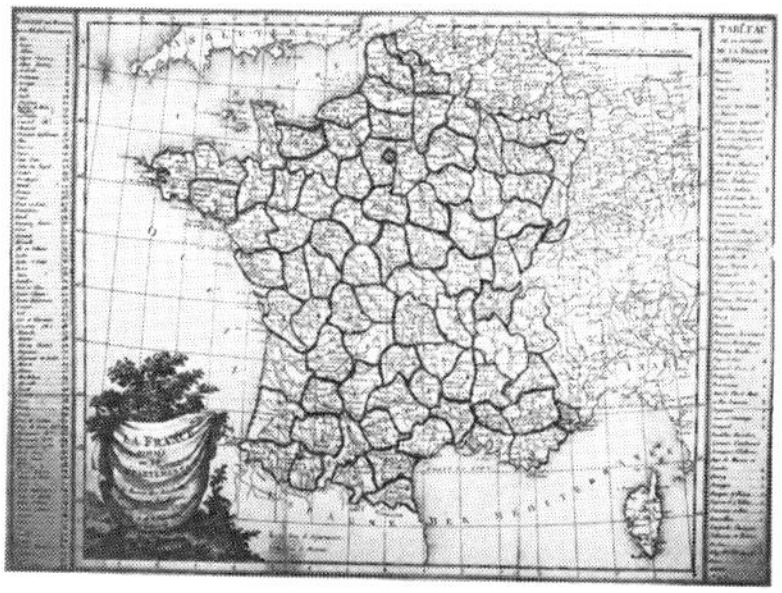
1791年2月、確定された県制度における区分図。シィエスは、議員を「フランス国民全体の代表」とするために、旧来の地方区分と異なる区切りで県制度を構想した

またこれと関連して、シィエスは「アデュナシオン

adunation」という新語を考案して、このパンフレットで用いている。彼自身が明確な定義を示していないのでやや不明瞭であるが、コンテクストから判断すると「市民教育」ないし「政治的鍛錬」と訳せそうである。すなわちアデュナシオンとは個別利害や地域的エゴにとらわれずに、フランス全体を視野に入れ、フランス国民全体の利害を自己の利害として政治を考え、政治的行動を取れるように訓練することであり、新たな地方区分制度のもとでの選挙がアデュナシオンの場になるとともに、国民のアデュナシオンが進むことで政治制度全体が安定すると、シィエスは考えている。

選挙区と選挙

シィエスにとっては、県制度はそれ自体が目的ではなく、国政との結びつきが重要なのであるから、十月二日のパンフレットにおいては、県―郡（シィエスの用語ではコミューン）―小郡の三段階の区画それぞれにおいて、議員の選挙や地方行政はどのように行なわれ、どのように各段階が組み合わされることになるのかについての具体的で詳細な説明が続く。原則として各小郡に一つの第一次集会が設置され、ここにその郡の能動的市民が集まって、選挙人を選出する。この選挙人が県ごとに開かれる第二次集会に参加して、国会議員を選出するのである。また県と郡は政府の施策をそれぞれの地域で施行する機関となる。

このパンフレットにおいて、もう一つ別の重要な問題が取り上げられている。能動的市民と受動的市民の区別である。シィエスは七月に発表した『若干の考察』において、すでにこの区別について触れていた。彼は十月二日に再びこの問題に、七月とは異なる論法で触れる。そもそも人間は財を豊かに享受すること、そのためにより多くの生産を行なうことを目指しており、そのために社会を形成して他者と力を合わせようとする。各自は自己の精神を特定の一部に集中することで、より多くの生産が可能になるのであり、「それ故に分業が生じる。それは富の拡大と産業の改良の結果であるとともに原因でもある」。

これは「スミス博士の著書の教え」であるが、分業の利益は政治についても成り立つ。世の中には「権利においては市民であっても、事実においてはそうでない者がいる。肉体的には強健であっても、社会思想にはまったく無縁で、公共の事柄に積極的に参加するにはまるで不向きな人がいるのだ」。それ故「法の保護と公共扶助は奪うことはできないが、政治的権利は制限されるべきなのであり」、「公共の利益と社会状態の改善のために、政治は個別の職業とされるべきなのである」。同じ理由で、政治に不向きな人間までが決定に参加する直接民主政は、大国のみならず、物理的には直接民主政が可能な小国においても社会の必要にそぐわないのであって、代表制のみが統治の正当な形態なのである。

これとは別に、市民の政治的権利に関連して、シィエスはこのパンフレットでユニークな発言をしている。「奇妙な矛盾によって、女性は能動的市民には含められないらしい。あたかも健全な政治は、真の市民の比率を次第に増やしていってはならないかの如くに。また、あたかも女性は公共事に関しては、いかなる有益さを持つことも不可能であるかの如くに」。彼が女性の参政権について、公式な発言において触れたのはここだけであるし、また女性を能動的市民に認めさせるための活動を特に行なったわけでもない。しかし問題提起をしたことは確かである。

能動的市民の条件

七月のパンフレットでは、能動的市民になる条件として三リーヴルの「自発的貢納金」の納入が挙げられており、それは政治に主体的に関わろうとする意欲と決意の表明としてであった。つまり政治に参加しようという意思があれば誰でも能動的市民になれるはずだったのだが、十月二日には知的ないし精神的能力の有無の方が重視されることになった。憲法委員会では、能動的市民と受動的市民を区別すること自体は支持されていたが、七月にシィエスが示した付加的な条件は複雑すぎると批判されていた。そしてトゥーレは九月二十九日の報告で、能動的市民になるには三日分の労賃に等しい額の直接税を納めていること、選挙人に選ばれるためには同様に十日分の労賃に等しい金額を納税していることを、条件として提案した。つまり当該の人物の経済的レベルだけが重視されることになったのである。

これは、シィエスが提案した「自発的貢納金」とは趣旨がまったく異なる。だがシィエスは十月二日のパンフレットにおいて「自発的・市民的貢納金が有益であることは確かだが、これを採用するのは機が熟していない」として、トゥーレが示した憲法委員会案に賛成している。つまりシィエスは、七月の段階とは視点を変化させ、知的・精神的能力は経済力と相関関係があると、暗黙の裡《うち》に想定したのであろう。パリでのバスティーユ事件と地方農村部での大恐怖という、民衆による二種類の暴力事件を経験して、彼が民衆に対する評価を変化させたことが窺われる。

九月二十九日のトゥーレが報告した憲法委員会の提案のうち、能動的市民と受動的市民の区別に関する問題は十月二十二日に議会で審議された。グレゴワールは提案に反対で、「(議員選挙に関する)第一次集会で選挙権・被選挙権を持つには善良な市民でありさえすればよい」と発言したし、ロベスピエールもすべての市民が選挙権を持つべきことを主張した。フィジオクラートのデュポン・ド・ヌムールは逆に、参政権を土地所有者に限るよう要求した。シィエスは一切発言しなかった。結局、能動的市民の基本的条件として納税額を考えるべきことは、原案通りに承認された。同月二十九日に採決が行なわれ、トゥーレの原案がほぼそのまま採択されたのである。

一日の労賃は地域によって半リーヴルから一リーヴルの開きがある。言い換えると、能動的市民になるには一リーヴル半から三リーヴル、選挙人に選ばれるには五リーヴルから十リーヴルの直接税を納入していることが求められるのである。さらに加えて、議員に選ばれるためには銀一マール(五十三リーヴル強)以上納税している土地所有者であることが条件とされた。女性、二十歳以下の未成年者、召使など他者に従属する職業に就いている者は市民から除かれる。当時、フランスの人口は約二千六百万人だったが、そのうちの能動的市民は約四百六十万人、受動的市民は約三百万人と見積もられる。

県制度の創出

県制度に関しては、十一月三日から十二日の十日間に集中的に審議された。その際に、県の数は原案の趣旨を生かして、七十五ないし八十五とすること、県は国会議員選挙の選挙区となることを考慮して、区画割には単に面積だけでなく、人口や経済状態（具体的には納税額）も考慮に入れること、郡の数は一律に九つとはしないが、三の倍数とすることなどが決められた。さらに十二月九日には県行政の仕組みが、同月二十二日には国政選挙の県ごとの議員定数の決め方などが法令化され、県制度の原則が定まった。若干の修正は加えられたものの、基本的には憲法委員会の原案の趣旨は生かされたと言ってよいだろう。

ただし議論の最中に何人かの議員は旧来の州の政治的重要性を強調し、州のまとまりをできるだけ生かすように県制度を定めることを主張した点には注意を払わなければならない。封建制の廃止が宣言された後になっても、地域ごとの伝統・慣習・特権の維持にこだわる議員は残存していたわけで、シィエスが考える理念、すなわち全国を一律の制度で統治することで、地域主義的なアイデンティティを廃棄し、単一の「フランス国民」というアイデンティティを創出するという理念は、必ずしも全部の議員に共有されていたわけではないのである。

一七九〇年一月十五日に、フランスを全部で八十三の県に分けることが最終的に決められた。だが、これで問題が片づいたわけではない。むしろこの後が本番だった。県相互の境界線を引いたり、県庁所在地となる都市を選んだりする具体的な作業の段階になると、議員たちは、伝統的に結びつきの強い地区はひとまとめにしようとしたり、自分の選出基盤となっている地区を有利にしようとしたり、あるいは伝統的にライヴァル関係にあった地域への敵意をむき出しにしたりした。つまりは、あるべき県制度のモデルや革命の理念とはまったく次元の異なる議員の本音がむき出しになって、その調整に時間がかかったのである。

細かい点まで含めて最終的に県制度が確定するのは一七九一年二月である。それでも、あるいはそれ故に、県制度の策定はフランス革命による改革の中で成功したものの一つになった。この後のフランスの領土拡大やパリ周辺の人口増加を反映させるために部分的な手直しは必要になったが、基本的にはこの時に定まった県制度は現在まで引き継がれている。人々の本音を勘案し、それに妥協したために、この県制度は多くの住民にとって受け入れやすいものになったのである。

一七八九年、とりわけその最初の三分の二は「シィエスの年」と呼び得るだろう。一月に『第三身分とは何か』を出版して一躍「時の人」になると、五月にはパリの第三身分から全国三部会議員に選出され、ヴェルサイユに赴く。議会に登場すると「六月の革命」の主導者となり、全国三部会を憲法制定国民議会に編成替えするのに成功した。その後も、人権宣言の策定、能動的市民と受動的市民の区別、国王の拒否権をめぐる議論、地方の区画制度の構想において、常に政治のあるべき姿の全体を視野に収めた理論的基礎づけを提供し、議論をリードし続けた。この年の初めから晩夏まで、フランスの政治はシィエスを抜きにしては語れないのである。

しかしながら、八月初めの封建制の廃止宣言に関連して、教会十分の一税の無償廃止に反対したことが思いもよらない躓《つまず》きとなり、オピニオンリーダーとしての彼の影響力には陰りが見えるようになった。それで彼の人権宣言案は、議会においてそれなりに評価されたのに、結局は採用されなかった。能動的市民の条件としては、シィエスは自発的貢納金の納入を想定していたのだが、憲法委員会の中でのライヴァルであるトゥーレが「三日分の労賃に等しい金額の直接税納入」を提案するとシィエスは沈黙し、結局は十月二十九日にトゥーレ案が議会で採択されるのを黙認した。フランス全国を県・郡・小郡に幾何学的に分割する構想はシィエスの発案なのに、彼は自らの影響力の衰えを意識して、同じトゥーレに議会で発表する役割を譲っている。

だが、シィエスの影響力が減退したのは、単に彼が聖職者身分の利害のみを代弁するエゴイストと誤解されたからだけなのだろうか。革命全体の大きな流れとシィエス個人の歩みとの間に、何か齟齬《そご》が生じてはいないのだろうか。その点を検証するのが次章の一つのテーマとなる。

第三章

慧眼の理論家のつまずき——孤立するシィエス

一　出版統制と司法制度

出版統制に対するシィエスの態度

年が一七八九年から九〇年に変わる頃、ジャン゠ポール・マラが発行している『人民の友』紙の人身攻撃の激しさや侮辱・脅迫が一種の社会問題となっており、それ以外にもカリカチュアや誹謗《ひぼう》文書が増加していた。前年八月の人権宣言は、その第十一条で「いかなる市民も自由に発言し、著作し、出版することができる」と定めていたが、それは「法によって定められた場合には、この自由の濫用《らんよう》について責任を負う」という留保付きであった。まさにこの「自由の濫用」を取り締まる法を制定することが、議会で問題になったのである。

シィエスは憲法委員会を代表して、一七九〇年一月二十日に「印刷によって引き起こされ得る違反に対する法案」を議会に提出した。その際の演説においてシィエスは「書き、話し、出版するのは自然権による」としながらも、「法は、原則的には自由な行為でも、『ここを越えたら他者の自由に有害』という限界を定めるのだ」と続ける。そして報道と出版の自由についても同様であるが、重要なのは報道・出版の自由の利点と不都合のバランスをとるという妥協的な態度ではなく、許容される範囲とその外側との境界を、原則に基づいて厳密に定めることだと述べる。

原理的にはその通りであろうが、例えば暴力の行使を示唆するような印刷物が公表され、その直後に実際に蜂起や暴動が生じた場合、両者の因果関係をどのように証明し、どのような責任を当該文書の執筆者や印刷者・販売者のそれぞれに問うかは一律には決められないであろう。すなわち、どこに自由の境界を設けようとも、規制は過剰か不足かのどちらかになる公算が大きい。ここではシィエスが示した法案の内容には立ち入らないが、規制が過剰だとする立場からも、不足だとする立場からも、またこのような法律では基準が曖昧で運用が恣意的になる恐れがあるとする立場からも、批判が生じた。ある意味では「当事者」とも言えるマラも『人民の友』紙の一月二十二日号で法案を批判した。シィエスの報告と法案は印刷には回されたが、結局は議会では正面からは審議されず、曖昧なままに終わった。

ここで示されたシィエスの基本的な姿勢、すなわち表現の自由を可能な限り守ろうとするよりは、むしろ政治や社会の秩序の維持のためには自由に制約を課そうとする態度は、彼の中で一貫している。そして一七九四年夏のテルミドールのクーデタ以降、とりわけ総裁政府期に入ってからは、そうしたシィエスの意見が次第に政治に反映するようになるのである。

司法制度

一七九〇年三月から四月にかけて司法制度の整備が議会で取り上げられている。言うまでもなく、司法権は立法権・執行権（もしくは行政権）とともに国家権力の基本的要因であり、その整備は憲法制定の重要な構成部分だった。議会では一七八九年八月十七日にベルガスがこの問題を取り上げ、司法権についての基本的構想を述べるとともに、「第一編、法廷と判事全般」、「第二編、民事に関する法廷と判事」に関する法令案を提示した。十月の八日と九日には刑事裁判に関するいくつかの法案が審議・可決される。さらに十二月二十二日にはトゥーレが憲法委員会を代表して登壇し、司法権の組織に関する憲法委員会の基本構想を議会に提示した。

そうした議会の動きを見ながらシィエスは、イタリアの思想家ベッカリーアの『犯罪と刑罰』（一七六四年）に学びながら独自の司法組織を構想し、八九年九月頃から文章にまとめ始めていた。その内容は憲法委員会案とは異なるものであり、バスティッドによればシィエスはトゥーレとの妥協を図ったが意見が一致せず、九〇年春に両者は分裂した。シィエスは自己の司法構想案を三月十九日に憲法委員会に提出しており、議会でも公表された。同様に、議員のアドリアン・デュポールは三月二十九日に、シャルル・シャブルーは翌三十日に、それぞれ自己の司法組織案を議会に提示した。それらを相互に比較すると、シィエス案の基本的な独自性は、刑事・民事の双方の裁判に司法関係者から選ぶ陪審員をつけることにあるだろう。

これらの案を見た上での三月三十一日の審議では、ランジュイネはシィエスの人格と見識を称賛し、シィエス案との対比においてデュポール案を批判した上で、議会は憲法委員会案をベースにしながらシィエス案を援用して必要な修正を加えることを提案した。ブロスタデルは逆に、デュポール案を支持し、憲法委員会案はアンシアン・レジーム期の制度から代わり映えがしないと批判した。四月六日にはトゥーレが登壇し、刑事・軍事の裁判には陪審員をつけることができるが、民事裁判につけるのは時期尚早であるとしてシィエス案を批判するとともに、憲法委員会案の一部修正案を提出して承認された。

四月八日には、トゥーレに倣って民事訴訟での陪審員に反対する議員、民事・刑事を問わず陪審員には反対とする議員もいたが、ビュゾ、ラボ゠サン゠テチエンヌ、ル・シャプリエ、クレルモン゠トネールは明白にシィエス案を支持した。すなわちこの時点では、シィエス案はある程度の議員の支持を受けていたのである。そしてこの後三週間ほどは議会でこの問題が取り上げられることはなく、従ってこの問題をめぐってどのような動きがあったのかは明らかにできないのだが、四月二十八日になると議会の雰囲気が変化していた。

この日、トゥーレが登壇し、シィエス案を①陪審員制度が不適切であること、②陪審員に払うことになる経費が高額になること、③その結果、誰もが無料で裁判を受けることができなくなる可能性があること、④下級審に要する人員が多すぎること、などの点で批判し、この案に優先権を与えないことを提案し、議長も、議会に諮った上で、この提案を了承したのである。シィエスは特に反論することもなく、この後は司法制度をめぐる審議には参加しなくなる。

この司法制度の改革をめぐる動きからは、教会十分の一税の廃止をめぐる発言をきっかけにシィエスが人気を失った隙をついて、トゥーレのようなライヴァルが進出してきたことが窺われる。しかし単にそれだけではないだろう。出版の自由に関して見ると、他者への批判や誹謗はどこまで許され、どこからが禁止されるべきかは微妙な問題であり、ケース・バイ・ケースで判断しなければならない要素が強いはずである。しかしシィエスはそのような曖昧さ、もしくは柔軟さを許さず、あくまで一定の原理原則に基づいて一本の明確な境界線を引こうとする。あまりにも原理主義的すぎるのである。そのために、彼の議論に正面から反対するのは難しいが、だからといってそれをそのまま首肯するわけにもいかないという事態が生じる。そうした要素がこの問題をめぐる議会討論には見られ、シィエスの提案は文字通りに、敬して遠ざけられたようである。

二　修道院の廃止・カトリック教会の改革

教会改革の問題をめぐっても、シィエスと他の主だった議員の間に微妙なずれが生じていたことが窺われる。すでに見たように、一七八九年八月の教会十分の一税の無償廃止をめぐる議論がきっかけでシィエスの影響力に傷がついたのだが、この問題は単に封建制廃止のみにかかわっているだけではなく、新たに制定される憲法のもとでカトリック教会はいかなる位置を占めるかという宗教問題にも、また、フランス革命が始まるきっかけになった、国庫の赤字をどのように解消するかという財政問題にもかかわっていた。

アシニア紙幣の発行

まず財政問題を見ておこう。一七八九年八月八日にはすでに、革命の原因となった国庫の借入金の返済に関する討論の中でラコスト侯爵が「教会財産は国民に属する」という趣旨の発言を行ない、数名の議員が関連して発言した。十月十日に聖職者議員で司教のタレイランが教会財産（その中心は不動産）の国有化を提案し、それを受けて十一月二日に、同じタレイランの発議で国有化が決定された。翌十二月の十九日には、国有財産を四億リーヴルまで売却して国庫収入と借入金の返済に充《あ》てることが決められ、二日後の二十一日にアシニア紙幣の発行が決められた。これは五パーセントの利付債券（一七九〇年九月二十八日からは無利子の紙幣）で、額面額相当の国有財産と交換できるものである。言い換えれば国有財産を信用の担保とした紙幣であり、議会はこの紙幣によって経済の流通を確保しながら、国庫の赤字も解消していこうと考えたのだった。

しかし革命の先行きが不透明な状況ではアシニア紙幣は十分な信用が得られず、じきに額面価格では流通しなくなる。インフレーションと生活必需品の隠匿・売り惜しみなどの経済混乱が生じた。特に一七九二年春に対外戦争が生じると、民間への食糧供給の必要に加えて、軍への食糧や軍需物資の調達を確保する必要が生じた。政府はこの紙幣の強制流通に加えて、最高価格法の採択、食糧の強制徴発など、様々な統制経済の手段をとる必要が生じ、九三年夏からは革命政府のもとで恐怖政治を行なわざるを得ない状態に追い込まれるのである。

タレイラン

教会改革の問題に目を戻すと、一七八九年十一月二日に教会財産の国有化が決定された際に、カトリック司祭には年額千二百リーヴルの手当が支払われることも決まった。すなわち、聖職者は独立した一身分ないし一社団としての独自の財産を失う代わりに、国家から給与を受ける一種の公務員になるわけである。そうなると、カトリック教会の現状には手を触れずに、そこに属する聖職者をまるごと公務員にしてしまって構わないのか、聖職者全員が国家から手当を受けるにふさわしい職務を果たしているのか、そもそもカトリック教会がフランス国家において果たすべき役割とは何なのか、が問われることになる。教会財産の国有化は、直接には財政改革の問題だったが、議会は同時に教会改革も視野に入れていたのである。

修道院制度の改革

一七八九年十二月十七日に教会委員会の委員であるトレィラールが、修道会の改革案を議会に提出した。彼は演説の冒頭で教会が抱える種々の問題を指摘した後、まず手始めに修道聖職者の問題に取り掛かることにすると述べる。実はアンシアン・レジーム末期には、どの修道会かを問わず多くの修道院において、そこに住む修道士が「清貧の生活を通じて信仰心の涵養《かんよう》を図る」という本来の目的を離れ、怠惰で放逸な生活に耽《ふけ》っているという批判が広まっていた。教会委員会は、一番目立つところに真っ先に手をつけたわけである。

トレィラールは、現状においては暇を持て余して安逸な生活に陥っている修道士の腐敗をただし、修道誓願の実体を取り戻すのが、教会委員会が提出する法案の趣旨であると述べる。その具体的な内容は次のようなものであった。すなわち、修道士は修道院に留まるか離れるかを市町村役人もしくは国王裁判所判事に申告すること、離れることを選んだ修道士はただちに修道院を去り、自分が望む場所に住めるが、居住地を担当する司教の管轄下に留まること、また望めば司祭または助祭になれること、修道院に残ることを決めた修道士は農村もしくは地方の小都市にある修道院に住むこと、ただし病人の介護・教育・学術研究にあたる修道士は大都市の修道院に住めること、一つの修道院には最低十五名の修道士がいなければならず、その人数以下の修道院は廃止されること、修道会に与えられていた特権はすべて廃止され、各修道院はその所在地を担当する司教の管轄下に入ること、修道士一人あたり年八百リーヴルの手当が、修道院を離れた者には個別に、修道院に留まる者には修道院の維持費として、全員分をまとめて支給されること、公教育や慈善活動を行なう修道院には、県当局の要請があれば、維持費が増額されることなどである。

つまり、すでに修道士になっていても、生涯独身の誓願などに拘束されずに一人の市民となる自由が認められるとともに、修道院に留まる者にも病人の介護や公教育など、社会に役立つ活動が求められる（もしくはそのような活動を行なう修道士・修道院が優遇される）のである。ちなみに、修道院が原則的に農村ないし小都市に限定されるのは、その地域の活性化に貢献するためであるとされている。

トレィラールの提案は、それから二カ月近く経って、一七九〇年二月十一日から十三日にかけて議会で審議された。十二日の審議では冒頭にトレィラールが発言して、論じるべき問題は、①すべての修道院を廃止するか、例外を設けるか、②修道院を離れたい修道士をどのように扱うか、③同じく修道院に留まりたい修道士をどのように扱うか、の三点であるとまとめ直している。三日間にわたる討論では、修道院の維持を求める議員は、「修道院は病人の看護・公教育・文芸活動などで役に立っている」、「祈りと瞑想を無為や怠惰と見做すこと自体が誤りである」、「宗教職と修道院は主権者たる国王によって承認・保護されているのだから手をつけるべきではない」などの理由を挙げた。逆に、「修道院制度は人権に反している」、「修道院はすでにその役割を終えている」、「修道院の役割とされているものは政治と市民が担うべきものである」、「修道院を保護したスペインは衰退し、廃止したイギリスは繁栄している」などの理由から、修道院の廃止を求める意見も出た。また「修道士一人年八百リーヴルの手当は少なすぎる」、「修道院全般は有益性がないから廃止すべきだが、サン゠モール会はその徳性と文芸活動によって有益だから残すべきだ」など、廃止の条件を問題にする意見もあった。

討論は、十二日にトレィラールが問題を整理し直したこともあって、次第に教会委員会の前年十二月十七日の原案から離れ、修道院の廃止の問題に集中した。そしてモンテスキウが提案した法案とバルナーヴ提案のものが、十三日の審議の最後に候補として残され、投票の結果モンテスキウ案が採択され、さらに修正提案をめぐって討議した結果、以下の三条が正式に認められた。

要約すると、第一条は「修道士・修道女の修道誓願は認められない。従って、その誓願に基づいている修道院はフランスにおいて廃止される」、第二条は「議会は、現在修道院にいる修道士・修道女が修道院を去るのを妨げない。教会当局は修道院内部の問題にのみ関与し得る」、第三条は「現在修道院にいる男女は、その地の市町村当局に宣言することにより、修道院を去り、然るべき手当を受け取ることができる。本デクレの規定を利用しない者（＝修道院に留まる者）が居住できる家（＝修道院）は別途指示される。公教育と慈善活動に関わる修道院については、別途に定めるまでは何も変更しないことを議会は宣言する」である。

ちなみに、教育と医療を担当する修道院の廃止が決まるのは一七九二年八月十八日であり、その年の十月一日にはすべての修道院の閉鎖が決定されることになる。なお「デクレ（décret）」とは、現在では行政責任者の命令を指すが、フランス革命期には「議会が採択した決定だが、国王の裁可を得られなかったもの」もしくは「議会の決定で、法（loi）よりも一般性・全体性が低いもの」を意味する。実質的には法と同じと理解して差し支えない。

シィエスの教会改革構想

さて、カトリック教会と修道院制度をめぐって右に述べてきたように事態が推移する中、シィエスは議会では一七八九年十月以降、この問題に関しては何も発言しなかった。その彼が九〇年二月十二日、まさに修道院制度の廃止が議会で論じられている時に、『聖職者に関する臨時デクレ案』と題する四十ページのパンフレットを発表する。

そのタイトルからして、議会で行なわれている討論とは微妙なずれがあることが窺われるのだが、それには一つ別の背景がある。実は六日前の二月六日にトレィラールが『議会は教会委員会が、聖職者の制度と組織の計画、および現在の有資格者に対する待遇案を、早急に議会に提出することを命じる」というデクレ案を提案して、その場で承認されているのである。確かに、議会のもっとも基本的な課題である憲法制定を進めるにあたっては、「カトリック教会は新しい国制の中でいかなる位置を占めるべきか」、「そこにおいてそれぞれの聖職者はいかなる役割を果たすべきか」という問題をまず論じ、そこでの議論を踏まえて「修道聖職者はいかなる役割を負うべきか」、「そもそも修道会制度は新しい国制に占めるべき役割はあるのか」という議論に移るのが、論理的な順序であろう。ところが六日のデクレがまだ実行に移されないうちに修道院制度についての審議が再開し、十二日の討論の冒頭でトレィラール自身が修道院の廃止の問題に焦点を絞ったのである。彼に続いて発言したレドレルは「教会制度全体の原理原則を論じるのが先ではないか」と主張したのだが、この意見は討論には反映されず、右に見てきたような討論を経て、教育と慈善事業に与らない修道院の廃止が決議されたのだった。

シィエスが十二日に出版したパンフレットは序文・演説草稿・デクレ案の三部からなるのだが、演説草稿の冒頭に付した注で彼は「自分は十二日に聖職者制度について議会で発言するつもりでいたが、審議においては、レドレルの提案にも拘わらず、本筋から外れた方向に議論が進んでしまった。それで自分は発言を諦め、用意した原稿を印刷して公表することにした」と記している。要するに、議会で実際に行なわれる議論ではなく、トレィラールが六日のデクレ案で示した方向で、シィエスは自らの議会発言を準備していたのである。

「序文」においてシィエスは、フランス革命は理性の進歩の結果として生じたのであり、旧慣にはとらわれずに理性に基づく原理に従うべきだと、まず主張する。また革命は身分と特権団体を廃止したのだから、それを受けて社会的一体性を打ち立てる必要があるとする。聖職者は身分や特権団体ではなくなったのだから、今では「礼拝の遂行者」なのであり、救貧活動や公教育もその職分とする。そうした聖職者の所有を脅かすのは、味方になるべき者を憤慨させることなのであり、社会的一体性の創出の点からも好ましくない。

この言葉を素直に解釈すれば、シィエスは聖職者財産の国有化には反対だったのであろう。しかし彼はこの問題が議会で取り上げられている時には何も発言しなかったし、このパンフレットでも言及していない。彼がここでこだわっているのは、教会十分の一税の無償廃止である。この措置は不正であるだけではなく、有償廃止によって得られるはずの収入を社会全体のために用いることができなくする点で有害でもある。一七八九年八月十日に無償廃止に賛成した議員は、司祭に敵対するという政治的ジェスチャーを示すために愚行に走ったのである。シィエスは、教会十分の一税を有償廃止に直し、所期の目的を達しながら国家の利益をあげるようにするのはまだ可能であることを強調している。このパンフレットで提案するデクレの諸条項はまさにそのためのものだと言うのである。

「演説草稿」においては、いかなる権威も遡及的効果を持つ法を作ることはできないとされる。法が変更できるのは未来の事態だけなのであって、正式な資格によってすでに聖職禄を得ている聖職者の受領資格を奪うことはできない。従って改革は漸進的にしか行なわれ得ない。シィエスによれば、彼が提案するデクレは一八〇〇年までの十年間にだけ適用されるべきものであり、十年後に教会改革の成果をチェックした上でまた次のステップに進むのである。

彼が提案するデクレは全部で七十二条からなり、「一　聖職者財産の将来」、「二　将来の聖職者」、「三　現在の聖職有資格者」、「四　本デクレの執行方法」の四つの編に分けられている。第一編の諸条項によると、議会の教会委員会が聖職者財産の配分を具体的に決めるが、カトリック教会の維持と礼拝に必要な費用、および救貧と公教育に必要な費用は、聖職者財産から各県の郡に支払われ、郡が予算を執行する。第二編の諸条項によれば、将来においては聖職者は司教・司祭・助祭のみに限られ、国から給与を受ける。教会委員会が聖職者の人数と選出の仕方を決定するが、いかなる市民も市町村もしくは郡の許可がなければ聖職者に選出され得ない。県もしくは郡が不要な司教区・小教区を認定し、その廃止の実務を執行する。逆に必要性を認めて復活させることもできる。聖職者は、儀式の際の祭服を除き、一般市民と同じ服装を着る。「一生独身に留まる」という宣誓は反社会的であり、将来においてはなし得ない。すなわちシィエスの構想によれば、将来においてはフランスの聖職者は「宗教家」というよりもむしろ、国から給与を得て礼拝・救貧活動・公教育を担当する一種の公務員になるのである。

第三編では、聖職者財産の国有化によって教会の財政的基盤が根本的に変わる中、現在の聖職者が、大司教や教会参事会員といった将来は廃止される地位の者も含め、できるだけ現在の待遇に近い扱いを受けられるようにするにはいかにすべきかが規定される。煩瑣《はんさ》なので細部の紹介は省略するが、その細かさからはシィエスの几帳面な性格が窺われる。第四編も同様である。

孤立するシィエス

このようなシィエスの提案をどのように評価すべきだろうか。「フランス革命は理性の進歩の結果として生じたのであり、改革は理性に基づいた原理に従うべきだ」という主張は、一応は首肯できるだろう。「カトリック教会の組織原理を明確にしないうちに修道院の廃止という副次的な問題を取り上げるのは本末転倒だ」という議論も理解できる。

しかしながら、当時の議会の議事録を見ればわかるように、議会は様々な問題を細切れで討論せざるを得ない状態になっていた。議会はそれぞれの時期に応じて通常議題を設定している。今取り上げている一七八九年晩秋から九〇年にかけての時期においては、地方の行政区画制度の画定などが主要な通常議題である。しかし議会は連日、開会とともにまず臨時議題として、各地方や各行政機関からの連絡事項を議長が紹介し、必要なら応急の対応策を議論し、決定しなければならなかった。日によっては、それだけでかなりの時間を取られる。それを片付けてようやく通常議題に入ることができても、至急の連絡が入ればすぐにまた臨時議題に切り替えなければならない。一七八九年の夏には、中央でも地方でも行政機関が混乱して、実質的に機能しなくなった結果、なんでも中央の議会が決めなければならなくなった。また国庫財政の赤字解消のように、本来なら政府の担当大臣が担うはずの問題までが議会に委ねられていた。まさにそのために教会財産の国有化を決議せねばならず、その余波で教会改革と修道院の廃止の問題が生じたのである。議会は、じっくりと腰を据えて根本的な原理原則から説き起こし、一歩ずつ議論を進めていくような悠長な態度はとっておれず、ともかくもできること、手の付けられることから手をつけていき、その中で、できる限りにおいて、全体の整合性や首尾一貫性を図っていくというやり方を採らざるを得なくなっていた。それだからこそ、一七九〇年二月六日には教会制度の原則を定めることを提案したトレィラールが、六日後には実質的に修道院の廃止のみに絞った議論を議会に提案しているのであり、議員の多くも、レドレルの抗議にも拘わらず、トレィラールが提案した路線に沿って討論を行ない、修道院の原則的廃止を議決したのである。

シィエスはそうした流れに乗ることができなかった。言い換えると、彼は八九年の六月に国民主権の原理を国王に認めさせたり、七月に全国三部会を憲法制定国民議会に転化させたり、八月にかけて人権宣言案を考えたりといった、原理原則をそのまま政治に適応すれば事足りる時期には有力なオピニオンリーダーであり得たし、県制度の原案のような幾何学的・抽象的な構想をまとめるのには力を発揮した。しかし同年秋以降、国王政府が事実上は機能しなくなり、議会が、一方では憲法の制定という基本的な任務に携わりながらも、日々新たに生じる種々の政治問題に対症療法的に対応せざるを得なくなってくると、彼の出る幕は少なくなったし、出ても彼の提案がそのまま受け入れられることははっきりと減少した。

シィエスは基本的には「政治家」というより「理論家」だったのであり、現実の政治は彼の理論的考察とは別のレベルで、別の論理で動いていたのである。九〇年二月十二日のパンフレットのデクレ案第三編・第四編の、十年も先まで見越して細かく几帳面に積み上げられた諸条項は、そのあたりの事情を静かに示しているように思われる。

二　宣誓拒否聖職者の問題

聖職者市民化法

前節で述べたように、議会は一七八九年十一月二日に教会財産の国有化を決め、翌九〇年二月十三日には教育と医療に携わらない修道院の廃止を決めたが、同年七月十二日には聖職者市民化法を採択する。これは、①新たに選定される県を司教区とする、すなわち各県に一名ずつの司教を赴任させることで、司教の総数を削減する、②司教と主任司祭は能動的市民（非カトリックも含む）が選出する、③司教・司祭には国家から俸給を支給する、の三点を基本的な原則とするものである。教会財産の国有化によって、身分としての聖職者の財産を消滅させ、個々の聖職者を一種の公務員とした措置からの帰結である。そして第三の原則から、聖職者も他の公務員と同様に、国民・法・国王に対する忠誠と憲法の護持とを宣誓することが要請された。さらに同年十一月二十七日には、聖職者がこの「市民化法」を受け入れることと、国家に忠誠を尽くすことを宣誓することが義務づけられた。

この宣誓をめぐって、フランスのカトリック教会は宣誓聖職者と宣誓拒否聖職者に分裂することになる。両者の対立から生じた社会的混乱は次第に過激化し、一七九三年頃からは一方には宣誓聖職者を含めてカトリック教会全体を否定する非キリスト教化運動が、その対極には伝統的カトリックの護持を大義名分とする反革命運動が生じるのだが、その兆しは一七九一年春には現れていた。

シィエスはこの頃、議会の議論から遠ざかることが増え、その分、新たに設置されたパリ県代表部での活動に軸足を移していた。パリ県は、パリ市の他に、その周辺のいくつかの自治体を含む。パリ市はパリ県の大部分を占める一都市であるとともに、県の下位区分でもある郡となっていた。聖職者市民化法に基づいて一七九一年三月にパリ司教の選挙が行なわれ、シィエスも候補者として名前が挙がった。彼は同月一日にパリ選挙人集会の議長宛てに「自分は司牧職よりも立法・行政の方に関心があり、現在の議員の職務をまっとうしたい」という趣旨の手紙を書き、司教を辞退したが、それでも二十八票を得た。パリ司教に選出されたのは、五百票を得たゴベルであり、他にシィエス同様に聖職者議員であるグレゴワールが十四票を得た。

その後のパリの動きを追うために、セレスタン・ギタールの日記を見てみよう。彼はシャンパーニュ地方の小村で一七二四年に生まれ、一七六九年からパリに住むようになった。出資しておいた年金組合からの年金や西インド植民地への投資からの配当などで、年に三千リーヴルほどの収入を得ていた。普通の中層ブルジョワジーである。当初はフランス革命に好意的だったが、経済の混乱が引き起こしたインフレや食糧危機の影響を受けるようになり、一七九六年には破産している。その日記にはフランス革命下のパリで、公私双方にわたる彼の経験や見聞が記されている。三月十七日にノートルダム大聖堂で新しい司教の就任が告示された。「一時にパリじゅうの鐘が鳴らされ、式はおごそかにおこなわれた」。十日後の二十七日は日曜日であり、その日に新司教が大聖堂・司教館に入り、ミサを挙げた。同日、同じ大聖堂で八人の新司教が聖別《せいべつ》され、また選挙人集会は三名の主任司祭を選出した。「十一時に全教会でいっせいに鐘が鳴らされた。市庁広場ではさかんに祝砲が打ちあげられた」。

三日後の水曜日、すなわち三十日に、宣誓を拒否するサン゠シュルピス教会の主任司祭と彼に従う助祭が教会を離れた。「後任の司祭たちは日曜日に着任する。この人たちのほうが、思慮分別があるというものだ」。四月三日の日曜日に、パリの三十三の小教区に二十三名の新しい主任司祭が叙階された。また六十八名の司祭が新たに宣誓をした。「民衆は大喜びだった。……いま大事業は終わったのだ」。その四日後、四月七日に市内で騒乱が発生した。パリ市内のいくつかの女子修道院では、修道女が教区の新しい主任司祭、すなわち宣誓聖職者の権威を認めず、告解の秘跡を受けず、宣誓拒否聖職者が執り行なうミサにあずかったのだが、パリ民衆の女性たちがこれらの修道女を襲い、鞭《むち》でたたいたのである。「これらのことはすべて黙視しなければなるまい」。

同じ月の十八日には、さらに重大な事件が起こった。国王一家がパリでテュイルリ宮殿を出て郊外のサン゠クルーに向かおうとしたのだが、宮殿の中庭を出たところにパリの民衆が立ちふさがり、国王一家の出発を実力で妨げたのである。パリ市中では、国王は議会の教会改革に反対で、宣誓聖職者を嫌っており、二十四日の復活祭に宣誓拒否聖職者が行なうミサにあずかるため、わざわざサン゠クルーに出かけるのだという噂が広まっていたのである。ラファイエットが国民衛兵を率いて民衆を蹴散らそうとしたが、国民衛兵は指揮官に逆らい、民衆に協力した。結局、国王一家は出発できず、馬車を降りて徒歩でテュイルリ宮殿に戻るという屈辱を味わった。「民衆はもうかんかんだった」。こうした記述からは、日記の著者ギタールが新しい教会制度を評価しており、パリ民衆の動きにも好意的だったことが窺われるのであり、それがパリ住民の態度として特に例外的だったと見做す必要はないように思われる。

パリ県の教会政策

こうした出来事が生じている最中の一七九一年四月十一日、シィエスを中心とするパリ県代表部は十七条からなる条例《アレテ》を出した。これは、前節で述べたような社会的状況の中において真の

「宗教的寛容」および「信仰の自由」とは何かを追究した点で興味深いので、細部まで詳しく紹介しよう。

それは主として三つの趣旨からなる。第一が小教区の教会の管理であるが、各教会には一名の世俗係員が置かれ（第一条）、その部下になる雇員《こいん》も必要人数が配置される（第二条）。彼らは教会の建物を管理し、「国家から給与を得た教会公務員」、すなわち聖職者市民化法に基づいて選出された司祭のみに宗教儀式を行なうことを認める（第三条）。ただし県の司教が特別許可を与えた司祭は、前条の例外として扱われる（第四条）。小教区の教会以外の教会は閉鎖される（第五条）。閉鎖される教会・礼拝堂は、法の規定に従い、国民のために売却されるか、国民議会が定める他の目的のために保存される（第十条）。

以上が第一の趣旨であるが、第二にその例外が規定される。すなわち、病院・介護施設・牢獄や収容所・閉鎖されない修道院などの礼拝堂は、第五条の規定にかかわらず維持される。パリのコレージュや神学校の礼拝堂も同様である（第六条）。この規定によって維持される礼拝堂の使用は、①その施設独自の使用に限り、一般には公開されない、②その施設の使用目的のためにパリ司教から使命を与えられた教区司祭が祭儀を担当する、③その使命は当該施設の上長の要請に基づく、の三つの要件を満たすものに限られる（第七条）。前条への違反があった場合には、上長の解任と礼拝堂の閉鎖が命じられる（第八条）。修道女の場合には、自分たち自身ではミサなどの宗教祭儀を執行できないので、別に配慮する（第九条）。

以上が例外規定であるが、それに続けて第三の趣旨、すなわち売却される教会や礼拝堂についての規定が示される。この売却を規定する第十条には「購入者は建物を自由に使用できる」という、一見すると言わずもがなと思われる規定が付随している。これに続く第十一条では「個別の人が多人数でなんらかの宗教の礼拝のために建物を使用する場合には、正門の外側にその旨を明示し、国民に属して国民から支払いを受ける公共の教会の礼拝とは別であることを明らかにすること」、第十二条では「この表示は、一七九一年中は、県当局が確認した上で承認するものに限ること」、また第十三条では「当該施設の持ち主が施設内部の者のみで礼拝堂を用いる場合には、この限りではない」と規定されている。そして第十四条には「いかなる礼拝であれ、憲法・法・既存の権威を挑発する行為をなしてはならない。警察は、宗教のために平穏に集会するものと、憲法に対立する同盟を試みるような犯罪的なものを区別する」とされている。第十五条から第十七条までは違反への罰則やこの条例の執行手続きに関する規定であるが、第十六条では「県当局は市当局に違反の取り締まりを命じる」と規定されている。

規定を見ただけでは気がつかないかもしれないが、ここで暗黙の裡に問題になっているのは宣誓拒否聖職者が行なう宗教祭儀である。条例ではまず世俗係員が小教区教会の秩序を保ち、宣誓拒否聖職者がミサなどを行なうのを防いでいる。ただし司教がなんらかの政治的配慮から宣誓拒否聖職者のミサを認めようと思えば、許可することも可能である。また廃止を免れる礼拝堂でも、例えば閉鎖されない修道院などでは、聖職者市民化法に密かに不満を持つ修道士も少なくなかったと推測されるのだが、そうした礼拝堂で宣誓拒否聖職者がミサを行なう可能性もある。紛らわしいから注意が必要だが、小教区の主任司祭は選挙で選ばれ、宣誓聖職者でなければ選出される可能性はなかった。しかし宣誓拒否聖職者であっても、国家からの給与を受けられないことさえ覚悟すれば、聖職者としての活動を続けることはできた。第七条の②にある「パリ司教から使命を与えられた教区司祭」には彼らが選ばれることも、可能性としてはあり得たのである。さらに第十一条と第十三条の規定からすれば、国民議会のカトリック改革に批判的な市民が売却に付された礼拝堂を買い取れば、その中ではどのような傾向の聖職者であれ、自由に宗教祭儀を行なえたのである。いずれの場合にも、第十四条に示された「憲法・法・既存の権威を挑発する行為」はなし得ないが、それ以外は自由だった。そのように見てくれば、第十条で「購入者は建物を自由に使用できる」とわざわざ規定した意図も理解できるだろう。

国民議会での議論

パリ県の条例は国民議会にも送られ、一七九一年四月十八日の本会議で審議された。この条例に全面的に賛成して、これを手本として全国の県代表部に送付すべきだという意見も出たが、基本的には賛成だが問題のある条文も見られるので議会の憲法委員会に送って審査させるべきだという意見もあった。また、本来は国の立法府が担当すべき問題を県の代表部が条例として定めた点で、権限の逸脱・立法権の侵害であるという批判も出た。

シィエスも発言を求められ、条例の作成に主体的に関わった立場から説明を試みた。彼の主張は基本的には二点である。第一に、宗教の自由・思想信条の自由は人権宣言でも保障されているのであり、宣誓するか否かは各聖職者の自由である（ただし宣誓を拒否すれば国家から給与を受ける権利は失う）こと、従って宣誓を拒否しても聖職者として活動する権利は失わないのであり、宣誓拒否聖職者がミサを行なう場は保障されなければならないことである。第二は、問題は宗教自体ではなく社会の秩序の維持なのであること、すなわち目下のパリでは一方に（宣誓拒否聖職者を支持する側の）狂信、他方に（宣誓聖職者を支持する側の）不寛容があって、双方がともに憲法の原理を攻撃しているのだが、それら双方から社会秩序を取り戻さなければならないことである。

これら二つの理由から、パリ司教が司祭に小教区教会でミサを挙げる許可を出す時には、宣誓聖職者であることを要件とはしないが、宣誓聖職者と宣誓拒否聖職者が鉢合わせしないように世俗係員が配慮することになるし、小教区教会以外の礼拝堂が用いられる場合にはその建物に表示を出して、市当局（＝警察）の監視＝治安維持活動が行なわれることになる。つまりパリ県代表部は、基本的には人権宣言でも認められている宗教の自由を守ることに配慮し、それに関連する社会秩序の維持のために必要な行政措置を条例で定めただけであって、議会の立法権を侵害してはいないのである。

シィエスの説明を聞いても議会は全面的には納得せず、四月十八日には結論を出さないで、パリ県の条例を憲法委員会に送付して細部を検討させることにした。その結果が五月七日に、憲法委員会委員のタレイランによって議会に報告される。その中でタレイランは、パリ県の条例が拠って立つ諸原則も、それらの原則から導かれる具体的諸条項も、すべて正当であるとして、手放しと言ってよいような称賛を浴びせている。それではこの条例を無条件で承認するのかというとそうではなく、報告の最後になってパリ県が権限を逸脱していないかどうか、行政府と立法府それぞれの権限の境界はどこにあるのかについてはまだ十分な認識はないとし、議会はすぐに一般的な法の作成はせず、パリ県の条例はパリのみに適用することにすると述べる。そして、この条例に代わるものとして二条からなるデクレを提案している。

シィエスはすぐに発言を求め、「タレイランが述べた永遠の真理に疑問を呈するつもりはないが、権限の問題に限って論じたい」と、タレイランが報告の最後に触れた論点を取り上げる。彼によれば、四月初めのパリは混乱していた。宣誓拒否聖職者とそれに従う信徒による集会が個人の家や公共施設で開かれており、こうした集会は「悪意の集団」の脅迫を受けていた。それ故、宗教の自由を擁護しながらもトラブルを防ぎ、公共の秩序を守ることがパリ県当局の喫緊の課題になっていたのである。そうした状況で、パリ県は新たな法を定めたのではなく、法律によって認められている宗教的自由を擁護するための行政措置をとったのだから、そこに立法にかかわる要素があるからといってパリ県当局を批判するのは本末転倒である。また各県がそれぞれに独自の措置を講じると、県を実質的に国と見做す連邦共和政につながるという批判もあるが、県は立法権を持たず、独立を志向することもないのだから、この批判は的外れである。これが、県当局の権限に関するシィエスの反論である。

礼拝の自由——理念と現実

しかし、本音の議論での問題はそこにはないことにシィエスは気づいている。彼は発言の中で「パリ県当局を批判する者は、すべての宗教の保障を認め、パリにもそれを勧めておきながら、保護が真にすべての宗教に及ぶとパリ県を批判する」、「パリの世論は礼拝の自由を受け入れているが、ただ一つの宗教は、無知やその他の犯罪的な理由から、自由な実践を禁じられそうになっている」と述べている。要するに、真の問題はパリ県当局の権限の範囲ではなく、宣誓拒否聖職者なのだ。確かに一七八九年八月の人権宣言は宗教を含む思想信条の自由を認めたし、それを文字通りに適用すれば、宣誓拒否聖職者といえども礼拝の自由は保障せざるをえない。この点をシィエスとパリ県当局は重視する。しかし国民議会は聖職者市民化法に示された方向での教会改革を目指しており、宣誓拒否聖職者はそれに敵対する妨害者なのであって、彼らの動きを放任したのでは、革命の進展に齟齬をきたすのである。それ故に、パリ県の条例の政治的副作用を恐れるタレイランは、原理原則の問題としてはこの条例を全面的に称賛しながらも、些細な理由をもとに条例の適用をパリのみに限り、全国を対象にする法令としては取り上げなかったのである。シィエスは、自らの発言の最後にデクレを提案するが、それは、途中まではタレイランが提案するデクレの第一条と同じでありながら、そこに「（国民議会は人権宣言で認められた宗教の自由の）適用措置（の検討）を県と郡の当局に委託する」という規定を付け加えるのが趣旨だった。すなわちパリ県の条例に似たものを全国の他の県にも検討させようとしたのである。議場にはシィエスを熱心に支持する議員も何人かおり、彼らはタレイランの提案の第一条にシィエス提案の条項を付け加えることを要求した。タレイランは（議事録によると）「シィエス案を付け加えるのは構わないし、容易にできることだ」と受け入れて、すぐにその場で修正案を示しているのだが、それを見ると訂正したのは些末な語句の違いだけであって、シィエスが目指した趣旨は完全に黙殺している。

そして、この点に関してどのようなやり取りがあったのか、あるいはなかったのか、議事録からはまったく窺えないのだが、タレイランが示した修正案がそのままの形で議会で採択されているのである。すなわち「第一条：国民議会は、パリ県代表部の四月十一日付の条例に関する憲法委員会の報告を聞いた後、当該の条例が拠って立つ宗教的自由の諸原理は議会がその人権宣言において宣言したものと同一であることを宣言する。よって、十一月二十八日（議事録による。正しくは二十七日）のデクレに規定された宣誓の欠落は、いかなる司祭に関しても、ミサを挙げるために小教区教会・分教会・国有祈禱室に出頭することを妨げるものではないことを布告する。

第二条：個別の団体によって宗教的礼拝に用いられ、登録されている施設は、憲法、とりわけ聖職者市民化法に挑発的な演説がそこにおいてなされた場合には、閉鎖される。当該の演説者は、公共の安寧を脅かす者として、訴追官により刑事犯として追及される」である。

つまりは、聖職者市民化法を批判しなければ、宣誓拒否聖職者でも礼拝堂でミサができるというのみで、宗教的自由を単に形だけ認めたに過ぎない。シィエスに代表されるパリ県当局のように、宣誓拒否聖職者の宗教的活動を実質的に保護しようという意思がないのは明瞭である。パリ県の措置はあくまで例外として、パリだけに留めようとしているのである。ここでも「理論家」シィエスの所説は、根っからの「政治家」タレイランによって敬して遠ざけられたのだった。

四　トマス・ペインとの論争

前節に、一七九一年四月十八日にパリ郊外のサン゠クルーに向かおうとした国王一家の馬車が、テュイルリ宮殿を出たところで民衆に止められ、出発が叶わなくなったのみならず、一家は馬車を降りて徒歩で宮殿に戻るという屈辱を味わわされたことを記した。この事件は国王ルイ十六世にも強い衝撃を与えた。これをきっかけに、国王は国外亡命、もしくは少なくともパリ脱出を本気で考えるようになったらしい。二カ月後の六月二十日の深夜、国王一家は変装して馬車でパリを脱出し、北東部の国境を目指した。だが翌二十一日の夜八時頃、馬を交換するために停まった宿駅のサント＝ムヌーで、国王であることを見破られる。そしてその日の深夜、次の宿駅で国境に近いヴァレンヌの町で止められ、パリに送還されることになった。同月二十五日の晩、パリ民衆が沈黙のまま冷たい目で見守る中、国王一家はパリに帰還した。

国王がパリを留守にした数日間にも、議会は会合を続け、必要な施策を協議・遂行した。はからずも議会は「君主を持たない政体」という意味での共和政を経験したのである。国王の不在を知った人々は、否応なしに共和政の可能性を意識した。

ちなみにアンシアン・レジーム期の政治思想家モンテスキューは、民主政（＝直接民主政）と貴族政を併せて共和政と見做し、君主政と対比的に捉えた。そして共和政は小さな都市国家には適しても、フランスのような大国には適用できないし、また共和政は混乱や腐敗をもたらしやすい不安定な政体だと考えていて、そうした見方はフランス革命期にも引き継がれていた。

しかし同時に、共和政を「公共の秩序や福利の追求が行なわれる政体」ないしは「『法の支配』が貫徹している政体」、「国民の意思が法となることが制度的に保障されている政体」と見做す立場もある。また、新たに出現したアメリカ合衆国は、国土の広い国にも適用できる安定した政体としての共和政のモデルを示してもいた。この頃のフランスにおいては「共和政」という概念は曖昧で、一つに定まっていたわけではない。次項で見るように、シィエスは「共和政」と「君主政」を対比的には捉えていないのである。また、共和政（ないし共和主義）と民主政（ないし民主主義）が類義語になるのは、「民主政」が「直接民主政」ではなく「代表制（ないしは議会制）民主主義」と理解されるようになってからで、十九世紀以降のことである。

共和政か君主政か

一七九一年七月六日、シィエスは『モニトゥール・ユニヴェルセル』紙に投稿した。これは政治報道の正確さと詳細さで定評を得ていた新聞である。その投稿で彼は「自分が共和主義に陥ったという疑いがかけられているので、それに反論して嫌疑を晴らす」と述べた。それによれば、彼が君主政を好むのは、旧慣に愛着を感じるからでも、王政主義に迷信的な感情を抱くからでもなく、共和政におけるよりも君主政における方が市民は自由だからである。自由を最大にすることがシィエスの目的なのであり、その君主政支持は、国王の寵愛《ちょうあい》に群がる者のそれとは無縁である。シィエスを狂信的な共和政支持者と見做す者も、反革命的な君主政支持者と考える者も、ともに誤っているのである。

この投稿に対してトマス・ペイン（一七三七―一八〇九）が反論を寄せた。彼はイギリス出身の政治思想家であって、一七七六年に『コモン・センス』を著してアメリカ独立運動を支持し、九一年から翌年にかけて『人間の権利』を出してエドモンド・バークの『フランス革命についての省察』に反駁し、フランス革命を支持したことで知られる。そのペインの手紙をシィエスは、自身の七月十六日のモニトゥール紙への再投稿の冒頭に全文掲載しているのだが、それによればペインは共和政支持である。彼が考える共和主義とは、「その語がオランダやイタリアのいくつかの国で持っている意味」ではなく、「代表による統治（＝政府）」である。フランスとアメリカの人権宣言は、その諸原理において一致しており、その諸原理に基づく統治（＝政府）が共和政なのである。ただしフランスの新しい憲法（＝この時点までに個別のデクレとして、いくつかの部分に分けて発表されている憲法案）には、この諸原理と矛盾する部分がある。

これでは、シィエスが「自分は君主政論者」、ペインが「自分は共和政論者」と、それぞれ名乗りあっただけで、議論としてはまったくかみ合っていないが、この後シィエスはペインの手紙に続く自分自身の論稿で、自らの考える君主政を説明する。それによれば、代表制と共和政はまったく別のものであって、「代表による統治が共和政である」というペインの主張は意味をなさない。そもそも代表制を本質としない憲法は偽物なのであって、あらゆる社会は、君主政であれ別の政体であれ、直接民主政をとるのでない限りは、代表制（＝合法的統治）か主人（＝専制）かのどちらかを選ばざるを得ないのである。「単一」の反対語は「複数」なのだから、君主政（原語 monarchie の本来の語義は「単頭制」もしくは「一人の統治」）と対になるのは多頭制（polyarchie もしくは polycratie）のはずであって、「共和政」ではない。もしそうであるならば、君主政も多頭制と同様に、（代表制をとる政体という意味での）「共和政」に含まれるはずであり、問題は「我々の共和国は君主政をとるか多頭制をとるか」という選択の問題として措定されなければならない。

それでも、国王逃亡事件を経て「共和政」が、主として「君主のいない政体」という意味において、様々なレベルで人々の意識に上っている一方で、国民議会は立憲君主政をとる憲法を準備し、ほぼ完成させているという現状を踏まえて、シィエスは「共和政か君主政か」という二分法で議論を進める。これら二つの政体の相違は、代表制をとるかとらないかにあるのではない。シィエスが考える君主政とは、一人の人物（＝君主）が「選挙人」となって、行政の各部門の長（＝大臣）を、国民の名において、任命ないし罷免する制度である。単一の君主は政府の統一性と安定性を体現するが、行政上の決定には参与せず、無答責である。君主に選任される大臣は、単独でそれぞれの担当部門に関する政治的決定を行ない、その決定に関して責任を負う。その大臣の監督下で、各行政部門の役人が実務を担当するのである。

それに対して共和政とは、シィエスによれば、なんらかのやり方で選任される複数の人間からなる「元老院（sénat）」もしくは「上級執行委員会（conseil supérieur d'exécution）」が合議によって政治的決定を下す統治方法である。多数決によって物事が決まるので、個々の決定が相互に首尾一貫する保証もないし、責任の所在も不明瞭である。だからといって統治が必然的に不首尾になるわけではないが、決定と行動の一体性・一貫性がそれを行なう者の単一性によって担保されている君主政の方が、長期的に見れば安定性が高いのである。

君主の世襲制

さて、君主政を認めるならば否応なく、君主の世襲制が問題となる。シィエスが考える「君主」とは「国民の名において大臣を選任もしくは罷免する選挙人」なのだから、必ずしも世襲である必要はない。新生のアメリカ合衆国における大統領のように、国民の選挙で選ぶことだって可能であるし、「国民の代表である公職者（としての選挙人）」の決定には、その方がむしろ適切かもしれない。

しかしながら当時のフランスにおいて「君主」といえば誰もがルイ十六世を思い浮かべるし、議会が準備している憲法もルイ十六世が君主の地位に留まることを自明の前提として成り立っている。そのためこの問題になると、シィエスの歯切れは悪くなる。彼は「『公職の世襲はいかなる場合にも代表に関する真の法に合致しない』というのは誤りである」と、持ってまわった言い方をする。確かに、公職の世襲は代表制の原則を侵害するものであり、社会への侮辱もしくは背《はい》馳《ち》である。しかし選挙王政の歴史を見ると、選挙が世襲よりすぐれていることを示す事例はない。だから、国民議会が「不条理だが平穏な世襲制」と「同様に不条理で、しばしば内戦につながる選挙制」の間で逡巡したからといって、それを非難できる者はいないはずである。そのような消極的な理由で、完成に近づいた憲法における、国王と大臣に関する規定をシィエスは擁護するのである。

しかしすぐに続けて、今日では人々は選挙の仕組みに慣れてきたとも言う。いずれは選挙制が持つ危険を冒すことなしに、その利点のみを取ることも可能になるであろう。しかし、すでに決められた憲法案を今すぐに変更するほどには、機は熟していない。現在の憲法案でフランスは一致しているのだから、内部分裂をもたらすような変更は避けるべきであり、不和のもとを投げ入れるべきではないのである。いずれは憲法制定議会を改めて開き、君主に関して選挙制を導入するか世襲制を維持するかを論じることも起こるであろう。しかしその場合にも、「選挙人たる唯一の君主」も「政治活動をする複数の君主」（＝大臣）もともに、個人として自らが下すべき決定を下すという原理は維持されるべきなのである。以上がシィエスの君主政論である。

シャン・ド・マルスの虐殺

憲法制定国民議会の憲法案は、一七九一年六月には実質的にほぼ出来上がっていた。しかし同月二十―二十五日に国王逃亡事件が起こると、すでに述べたように「君主政ではない政体」としての共和政が人々の意識に上った。議会は、民衆層が過激化し、国王の責任問題が表面化するのを恐れて、七月十五日には「国王は逃亡したのではなく、誘拐されたのである」というフィクションを認め、国王の責任は問わないことを決めた。

それがパリ市中に伝わると、ジャコバン・クラブ（第四章一節参照）よりも過激で民衆層に近いコルドリエ・クラブを中心に、抗議の声が上がった。このクラブは十六日に、共和政の樹立を求める請願を議会に提出することを決めた。翌十七日にシャン・ド・マルスの祖国の祭壇（前年七月十四日の全国連盟祭のために作られた祭壇。一二五頁参照）で請願書への署名が行なわれ、五万人ほどの民衆が集まった。これが暴動に転化することを恐れた国民衛兵が突然に発砲し、死者約五十名、負傷者数百名を出した。これがシャン・ド・マルスの虐殺事件である。

この事件の後にやや保守化した議会は、王党派議員に妥協する方向で憲法草案の修正を試みた。それに反対するジャコバン派議員もいたので、最終的にはそれほど大きな変更はなかったが、選挙権・被選挙権ともに当初の案より資格が厳しくなり、下層民は排除された。シィエス自身はこの討論にはまったく加わっていない。九月三日に国民議会が憲法を採択、同月十三日に国王が憲法の受諾を宣言するとともに、翌十四日に議会に赴いて憲法に署名した。こうして、いわゆる九一年憲法が成立した。

立法権と執行権

この憲法の第三編の第四条では「政府は、王政である。執行権は、国王に授権され、以下に定める方法で、国王の権威のもとに、責任を有する大臣およびその他の官吏によって行使される」、同編第二章第四節の第五条では「大臣は、国の安全および憲法に対して、大臣によって犯されたすべての犯罪、所有および個人の自由に対するすべての侵害、その省の支出に予定された金銭のすべての濫費《らんぴ》について、責任を負う」、同節の第六条では「いかなる場合にも、国王の命令は、口頭であれ文書によるのであれ、大臣をその責任から解除しない」と規定している。すなわち、大臣の「選挙人」としての国王、政治的決定に関する大臣の責任と国王の無答責が規定されている点に関しては、シィエスの考えと一致しているのである。

ただし、これら以外に同編第三章第三節の第二条で、国王が議会の定めた法令の執行を一時的に止める、いわゆる停止的拒否権が規定されているから、九一年憲法における王権はシィエスが構想したものよりも強いと言えるだろう。両者は完全に同一ではない。

シィエスがペインに反論した論稿は、一七八九年七月に全国三部会が憲法制定国民議会になった時からの課題であった憲法制定の作業がほぼ完成した時に書かれた点で、これまでとは違った意味で興味深い。一七八九年に彼が関心を寄せていたのは、主として立法権の構成の仕方だった。国民の意思は、代表を通して表明されることで、法律として顕在化される。その点でシィエスが問題にするのは、国民代表＝議会の構成の仕方、具体的には選挙権と被選挙権を持つための資格、選挙区の区分などである。議員選挙の手続きが適切に定められ、国民代表を構成するのにふさわしい人物が然るべく選出されれば、議会の決定は国民全体の意思と見做すことができ、「存在するだけで完全である」国民の意思はおのずから正しいはずだった。

1790年7月14日、パリの民衆がバスティーユを攻撃した事件の1周年に際して、国王・議会・国民が和解・団結し、一致協力して新憲法の制定に向かうことを願って、パリで第1回の全国連盟祭が開催された。これはその祭典を描いた当時の版画であるが、憲法制定国民議会の主要な議員が周囲に6名描かれており、向かって右下にシィエスが示されている。この時点では彼も議会のリーダーの一人と目されていたことが窺われる。なお、右上はラファイエット、左上はバイイ、左中はトゥーレ、左下はカミュである

しかし現実の議会においては（もちろん、憲法制定国民議会は全国三部会が横滑りしただけのものであり、議員の選出が理想的に行なわれたとは言えないだろうが）、シィエスが唱えた教会十分の一税の有償廃止は否決された。彼にとっては、これは「議会といえども誤ることがある」というショッキングな事実を突きつけるものだった。

その後の彼の思索は「議会の誤りを防ぐにはどうしたらいいか」という方向に向かう。国王の拒否権に関する彼の議論は、その一つの表れである。しかし一七九一年七月のトマス・ペインへの反論においては、問題にされているのは立法権ではなく、執行権・行政権の組織の仕方である。国民の自由は、いかなる法律を作成するかにではなく、いかに法を執行するか、もしくはいかなる政策を実施するかにかかっていると考えられることになったのである。立法権から執行権・行政権に関心の軸足が移ったのであり、これがこれ以降のシィエスの基本的な姿勢になる。

第四章

革命のモグラ――いかに恐怖政治を乗り切るか

一　立法議会

九一年憲法体制の開始

憲法制定国民議会は一七九一年九月三日に憲法を採択し、国王はそれを十三日に裁可した。それより前の八月二十二日には、カリブ海のフランス領植民地であるサン＝ドマング（現在のハイチ）で大規模な奴隷反乱が発生しており、その月の二十七日にはオーストリア皇帝とプロイセン国王がピルニッツ宣言を発した。これは、ヨーロッパ諸国の君主にフランスの情勢に関する注意をうながし、「用意ができ次第、緊急の行動をとる」ことを要請したものである。

現実には、宣言を出したオーストリアとプロイセン自身が、フランスでの革命よりはポーランドの分割の方にずっと大きな関心を抱いており、その他の国々の思惑もバラバラだったから、諸国が一致してフランスに軍事介入する用意が整うことなどあり得なかった。つまりピルニッツ宣言は単なる言葉の上だけの警告に過ぎなかったのだが、フランスでは諸外国との戦争が必至の状況と受け止められた。ジュネーヴでは一七八一年、オランダでは八八年、ベルギーでは九〇年にそれぞれ革命運動が生じたが、フランス、プロイセン、オーストリアといった列強の軍事介入でいずれも潰されたことを考えれば、フランス人が戦争を警戒したのは当然だった。こうした危機感の中で議会は、一七九一年九月十四日にローマ教皇領のアヴィニヨンとその周辺をフランスに併合し、同月二十七日には国内のすべてのユダヤ人に市民権を認めた上で、同月三十日に最終会議を開いた後に解散した。翌十月一日に、新憲法に基づく立法議会が開会した。

憲法制定国民議会は、ロベスピエールの提案により、同議会の議員は次の立法議会には被選挙権を持たないことを決めていたので、シィエスも十月からは単なる市井の一市民となった。この時期の彼の活動を追うのは難しい。彼自身は、一七九四年夏に執筆した『シィエスの生涯の概要』と題するパンフレットにおいて、「一七八九年秋からは次第に人目を避けるようになったが、特に九一年六月後半からは議会で孤立して、『哲学的沈黙』に閉じこもるようになり、わずかにパリ県当局の活動に携わった。憲法制定国民議会の解散とともにパリ郊外の田舎に隠棲して、その後の政治の動きには無知であり、一七九二年八月十日の事件も田舎の友人宅で知った」という趣旨を記している。しかしながら、バスティッドによるとシィエスは、議員辞職後は確かにパリ郊外に移って静養したが、九一年末にはパリに戻り、政治的な活動を再開したらしい。

サン＝キュロットの出現

ちなみに「一七九二年八月十日の事件」とは、同年七月の第三回連盟祭に出席するためにパリに来てそのまま留まっていた地方の国民衛兵（主にマルセイユとブレストの国民衛兵）とパリのサン＝キュロットが共闘して蜂起し、テュイルリ宮殿を攻撃して、王権の停止を求めた事件である（図参照）。立法議会は結局はこの要求を受け入れ、王権を停止して国王を監禁した。これ以降、首都であるパリのサン＝キュロットの動きは全国レベルの政治に直接に強い影響を及ぼすようになる。

1792年8月10日、国民衛兵とサン＝キュロットはテュイルリ宮殿を襲撃し、王権停止を求めた

ここでサン＝キュロットと呼ばれるのは、「民衆」と言っても大きな違いはないのだが、単なる「社会的・経済的に見た下層民」ではなく、「下層民としての連帯感と独自の政治意識ないし政治的要求を持つ人々」という自覚的なアイデンティティを持った政治的集団である。当時、貴族

や裕福な市民の正装は半ズボン（＝キュロット）だったが、サン＝キュロット（サンは、英語のwithoutと同じく、「〜なしの」という意味の前置詞）は、民衆の作業服である長ズボンをはくことを自らのアイデンティティとも誇りともするのであり、「革命派・対・反革命派」の善悪二元論的な政治論、ざっくばらんな話し方などで、キュロットをはいた「お偉方」と自分たちを区別していた。人民主権と直接民主政を信じ、食糧問題などにおける、しばしば暴力を伴う直接的介入を、「自らの手に主権を取り戻した人民による直接民主政的な政治行動」として、その正当性を主張していたのである。

フランスは1792年4月20日にオーストリアに宣戦布告する。開戦は、先鋭な政治意識を持つサン＝キュロットが出現していたことと相俟って、革命と祖国の防衛に命をかける覚悟を人々にうながし、「自由を守るか、さもなくば死す」というモットーが語られるようになった

一七九一年の秋頃からコルドリエ・クラブのメンバーなどがサン＝キュロットを名乗るようになるが、そこには「自分たちはジャコバンではない」という意識も含まれていた。ジャコバン・クラブのメンバーは、山岳派の議員や選挙人など、比較的に上層の市民が中心であり、王党派や反革命とは正面から戦う革命派だったが、代表制議会主義を支持しており、政治は国民の代表によって担われるべきものであって、民衆は自分たちジャコバンの指導に従うべきものと位置づけていたのである。

開戦問題

時間が前後するが立法議会では、一七九一年秋に始まるとすぐに、対外戦争の開始が話題になっていた。ジロンド派の主導者となるブリソが十月二十日に、亡命者《エミグレ》に関する法案についての演説で、ヨーロッパ列強に対する戦争を示唆したのである。それによれば、単にピルニッツ宣言によって引き起こされた脅威だけが問題だったわけではない。祖国に敵対的な行為をする亡命者《エミグレ》に支持と援助を与える国は、それだけでフランス革命に敵対しているのであり、革命の完遂のためには、それらの国と戦って破らねばならない。またそうした諸国は、ルイ十六世が自国の革命を潰すために企む陰謀も援助している。国王と宮廷の陰謀を暴くためにも、戦争は必要である。そのような主張の他にも、国内の食糧問題に目が向きがちな民衆の意識を外に向けさせるという政治的配慮や、君主国と戦ってフランス革命の理念を外国にも広めるという使命感も意識されていた。

シィエスは、革命前にシャルトルの司教代理を務めていた際に、この町出身であるブリソと知り合いになっていたし、反革命の陰謀を企む国王によって立法議会が欺《あざむ》かれるのを恐れてもいた。それで、ブリソが主導するジロンド派の主戦論にシィエスも共感していた。またラファイエットが戦争を支持すると、彼にも接近した。一七九四年の自伝的パンフレットに記したこととは裏腹に、立法議会期のシィエスは実際の政治から完全に遠ざかっていたわけではないようである。もっともバスティッドによるとシィエスは一七九二年六月にパリを離れており、八月十日の事件を地方で知ったことは確からしい。

二　国民公会の開始

九一年憲法は一年ももたずに潰《つい》えた。一七九二年八月十日の事件で国王の権限が停止されたので、立憲君主政をそのままの形で維持することができなくなったのである。この憲法に従って召集された立法議会は停止され、新憲法制定のための議会が作られることになった。

イギリスでは一六六〇年（ピューリタン革命の終了時）と一六八九年（名誉革命時）に、憲法制定のために国王の召集によらずに開催される議会が開かれており、いずれも「仮議会（Convention）」と呼ばれた。アメリカ合衆国でも一七八七年に、憲法制定のための「フィラデルフィア仮議会（Philadelphia Convention）」が開かれている。これらの先例に倣って、フランスの新議会は「国民公会（Convention Nationale）」と呼ばれることになった。この議会のための選挙は立候補制をとらず、有権者は自分が適任と思う人物なら誰にでも投票できた。（もっとも、当時の選挙は有権者が一堂に会して選挙集会を開き、その席で一人ずつ、自分が支持する候補者の名前を大声で叫ぶものだったから、有力者・地域の顔役が支持する候補におのずから投票が集中したであろうことは想像できる。）

シィエスは、ジロンド県（フランス南西部、県庁所在地はボルドー）、サルト県（同北西部、県庁所在地はル・マン）、オルヌ県（ノルマンディ地方、県庁所在地はアランソン）の三県から議員に選出され、サルト県代表議員になることを選んだ。一七九二年九月二十一日、国民公会は最初の会合を開き、ただちに君主政の廃止を決議した。ちょうどその日にシィエスはパリに出てきて、議員としての活動を再開する。翌二十二日に国民公会は、公文書の日付には「フランス共和国第一年」と記すことを定めた。共和政とは何かを定義することもなく、また「フランスの国制は共和政である」とする決議もなく、公文書の日付という些末な点から「共和政」を開始したのである。

憲法委員会と総防衛委員会

シィエスは政治のリーダーとして、また憲法問題の専門家としての評価が定着していたので、十月十一日には憲法委員会のメンバーに選ばれた。同僚にはブリソ、ペティヨン、ヴェルニョ、ジャンソネ、コンドルセなど、ジロンド派議員が多かった。同日、外交委員会の補充メンバーにもなった。同月十三日には区分委員会（地方の境界線の見直しを担当）と公教育委員会の委員にも選出された。どちらも憲法とのつながりが強い分野である。

シィエスは当初、立法議会の頃からの流れで、ジロンド派の議員と親しくしていた。しかし、国民公会がまず取り組まなければならなかった国王裁判の問題に関して、ジロンド派はまず裁判を避けようと努力し、それが叶わなくなると死刑判決は避けようとした。シィエスは国王裁判に関しては積極的に関わろうとはしなかったが、一七九三年一月に行なわれた最終判決に関する議決では死刑に賛成し、その執行猶予には反対した。バスティッドによればシィエスは、ここに至るまでの事態の経過からすれば国王の処刑は不可避であると判断し、物事の必然の流れには逆らわないことにしたのだった。国王裁判をきっかけにして、シィエスとジロンド派議員の間には隙間風が吹き始める。

一七九三年の一月一日、国民公会は総防衛委員会を設置した。イギリス首相のピットは、それまでは中立政策をとっていたが、国王裁判の成り行きを見て開戦に向かう動きを見せたので、それに対処するためである。議会内の七つの委員会からその最重要メンバーが委員に推され、憲法委員会からはシィエスが参加した。この委員会の内部で三人の役員が選ばれて、陸軍省の改組に乗り出すことになり、シィエスもその三人のうちの一人に選ばれた。彼が中心になって作られた改組案は、同月十三日に総防衛委員会で審議された上で、二十五日に国民公会に提出された。

シィエスの案は、例によって用意周到である。軍需物資の調達に関する予算執行部門と調達部門、分配・輸送部門それぞれの間の連絡と相互チェックのあり方、軍の動きに対するシヴィリアン・コントロールのあり方、軍の総司令官に臨機応変の策がとれるだけの裁量権を委ねながらも、「司令官の独裁」をもたらさないためのチェック機構のあり方など、原理原則と実際の機構のあり方とを絶えず往復しながら、緻密に論じていく。しかしながら話が細かく、手続きが煩雑すぎて、軍事の素人が一読しただけでも、前線や兵站の当事者が独自の裁量で判断できる部分をもっと広げておかなければ、戦況の変化に柔軟に対応できないのではないかという印象を受けるのである。はたして国民公会では、この原案は複雑すぎるとして採択されず、単に陸軍大臣がパシュからブルノンヴィルに交代しただけで終わった。前節で触れた自伝『シィユスの生涯の概要』にシィエスは、「(この改革案は) 無視ないし冷笑され、排斥された」と悔しげに記している。

コンドルセとシィエスの関係

シィエスとコンドルセは、一七八八年一月に組織された「三十人協会」や同年二月に組織された「黒人友の会」、一七九〇年に結成された「一七八九年クラブ」などにともに加わっていて知り合いであり、互いに共感する部分も多かった。双方ともに国民公会の議員となり、憲法委員会の委員となって、新憲法の準備に取り組むことになった。

一七九三年に入ると、すでに述べたように、国王裁判をめぐってコンドルセを含むジロンド派

コンドルセ

議員とシィエスの間には溝ができ始めるのだが、ちょうどそれに合わせるかのように、憲法の原理をめぐってシィエスとコンドルセの間に意見の対立が生じる。シィエスにとっては代表制こそが正しい憲法の基本原理だったのに対して、コンドルセにとっては代表制は一種の必要悪に過ぎないものであり、普通選挙制や国民投票のような直接民主政的な制度を導入しようと考えていた。

またシィエスは、ペインとの論争で見たように、立法権よりもむしろ執行権のあり方を重視するようになっていたのに対して、コンドルセは立法権の執行権に対する優位を主張していた。シィエスは議論のイニシアティブを取るのを断念して一歩退き、憲法委員会のメンバーのジロンド派議員はコンドルセ案を支持して、それが憲法委員会の原案となった。二月十五日にコンドルセが委員会を代表して、憲法草案を国民公会に提出した。

ちょうど同じ頃、二月十七日にフランス軍はオランダに進入し、同月二十四日には軍への三十万人動員令が可決された。しかしこの動員令に反発したブルターニュ地方の農民はヴァンデーの反乱と呼ばれる反革命蜂起を引き起こし（図参照）、この反乱は、この後のフランス革命の進行に大きな影響を与える大事件となる。また同年の三月十八日にはフランス軍はネールヴィンデンの戦いに敗れて、オランダから退却した。このような危機への対処の仕方、とりわけパリの民衆運動にどのように対応するかをめぐって、国民公会内部でのジロンド派と山岳派の対立は次第に激化していく。コンドルセの憲法草案も山岳派議員からの激しい批判を浴び、結局、五月三十日に廃案とされて、新たな憲法委員会が作られた。その上、翌三十一日と六月二日の二度にわたるパリ民衆の蜂起を受けて、ジロンド派議員二十九名が国民公会から追放されるとともに逮捕令が出され、ジロンド派は実質的に消滅した。この時シィエスも議場にいたが、ジロンド派を擁護も非難もせず、沈黙を通した。

ジロンド派であるコンドルセの方は、この時には追放・逮捕令を免れたのだが、山岳派がエロ・ド・セシェルを中心に大急ぎで準備して六月二十四日に採択した新憲法を批判したことが祖国への反逆と見做され、七月八日に逮捕状が出された。パリ市内に潜伏したが、翌九四年三月末にパリ市外に出ようとしたところを逮捕され、収容された牢獄で死亡した。服毒自殺とされる。彼は「最後の啓蒙思想家」とも評価され、パリ潜伏期間中に執筆した最後の著作である『人間精神進歩の素描』は、十九世紀の思想家で「社会学の創始者」とされるオーギュスト・コントから高く評価されることになる。

1793年3月、軍への動員令をきっかけに、ブルターニュ地方（新県名はヴァンデー）で農民が反乱を起こした

時間は前後するが、シィエスとコンドルセにデュアメルを

加えた三人は一七九三年六月に『社会教育ジャーナル』と題する週刊誌を作り、六月一日から七月六日まで、毎週土曜日に全部で六号を刊行した。その第二号（六月八日刊）にシィエスは「社会状態と代表制とにおける自由の諸価値」と題する論文を発表した。その冒頭で彼は「自由の名によって代表制が批判されるのを見るのは辛い」と述べ、「自由が、その完全な純粋さとエネルギーを持った時、我々を代表制に近づけるのか、逆に遠ざけるのかが問われなければならない」とする。ここからは、国民公会において作られるべき憲法においては完全な代表制をとるのか、直接民主政の要素を取り入れるのかという、シィエスとコンドルセの対立に関して、後者を批判しようとする意図が見て取れる。

もしこの論文が完成し、さらにはコンドルセからの反批判が出たのならば、大変興味深く、また思想史的にも意義のある論争になっただろうと思われるのだが、あいにく第二号では「そもそも自由とは何か」という問題が論じられただけで、代表制については触れられていない。そして文末には「この続きは次号に掲載する」と記されているのだが、実際には続きは書かれず、尻切れトンボに終わった。恐らくシィエスは次節で触れる公教育案の原稿執筆を優先したのであろう。

しかし先に述べたコンドルセの憲法草案をめぐる事情を勘案するなら、この時期に憲法の根本原理について正面から論じるのは、国民公会内部の政争とも絡んで、かなりの政治的冒険であり、慎重な（もしくは臆病な）シィエスが躊躇したという理由も考えられなくはない。もちろん、シィエスの論文が第二号だけで終わった真の理由は確かめようがないが、興味深い論文が書かれずじまいになってしまったことは確かである。

三　公教育案

シィエスは、すでに述べたように、国民公会が召集されてすぐに公教育委員会の委員に選出されていた。一七九三年三月末に、折からの軍事的危機にあたって総防衛委員会が改組され、シィエスは委員に再任されたが、四月五日に公教育委員会に留まりたい旨を申請して、総防衛委員会は辞退した。その翌日、ダントンを主要なメンバーとする公安委員会が組織されて、総防衛委員会は解散した。

公教育委員会においてシィエスは新たな公教育制度を構想し、その案を六月二十六日に委員のラカナルが国民公会で報告したが、シィエス自身も『社会教育ジャーナル』の第三号（六月十五日刊）から第六号（七月六日刊）までの毎号、計四回に分けて、自らの解説を付して紹介している。あくまで「公教育委員会の案の解説」という体裁をとっているが、シィエスが法案の実質的な起草者であると、読者は察しをつけたであろう。

公教育——タレイラン案とコンドルセ案

ここでまず、革命期の公教育構想の歴史を見ておこう。そもそも新しい公教育案が議会の課題として意識されることになったのには、主として三つの理由がある。第一は、アンシアン・レジーム期には教育は基本的にカトリックの修道会が担っていたが、これをどのような形で国家に取り戻すかという問題であり、これはカトリック教会の改革や修道院の廃止の問題とかかわっている。第二は啓蒙思想や新しい科学的・技術的な知識をいかに人々に伝えるかという問題であり、第三には革命および革命後の社会を担うべき「市民」もしくは「フランス国民」をいかに養成するかという問題である。

憲法制定国民議会においてはタレイランが最初の公教育案を作成し、一七九一年九月十日に議会に報告した。その法案は、大きく分けて初等・中等教育、高等教育、研究機関の三つの部門から構成される。そして初等・中等教育に関する部分は「初級学校」、「郡学校」、「無料寄宿舎」、「初等学校・地区学校の教員の選任と罷免」、「教員の手当」、「現在の教員の引退」、「寄宿生」の各章からなる。高等教育に関する部分は「聖職者養成学校」、「医学校」、「法律学校」、「士官学校」の各章、研究機関（学士院）に関しては「全体の構想」と「図書館」の章があり、最後に「奨励賞」、「祭典」、「女子教育」の各章が加わっている。法令案は全体で二百条からなり、さらに九点の組織図が添えられた堂々たるものである。しかしながら、議会の本務である憲法の制定はすでに終了しており、解散が迫っていた。十分に審議する時間がとれないということで、九月二十五日の会合においてタレイラン案は審議せず、公教育制度の検討は次の立法議会に委ねることが決められた。

立法議会では、タレイラン案は宗教教育が重視され過ぎていると批判された。それに代わる公教育制度の草案作成を担当したのはコンドルセであり、一七九二年四月二十一日に議会に法案を提出した。第一編「教育の区分」、第二編「初等学校」、第三編「中等学校」、第四編「学院(instituts)」、第五編「リセ」、第六編「国立科学技芸協会」、第七編「教育の監督と監視」、第八編「教員の任命」、第九編「祖国の生徒」からなる。初等学校・中等学校・学院・リセは段階式で、敢えて言えば現在の日本の小学校・中学校・高校・大学に対応している。(中世以来の伝統がある「大学 Université」はカトリックの強い影響下にあり、パリのソルボンヌはまさに九二年四月に廃止されるのであって、コンドルセ案では触れられていない。) 国立科学技芸協会は、研究もしくは学術交流のための機関である。第九編は、生徒への奨励や褒賞の規定である。学院・リセ・国立科学技芸協会はともに、第一組が「数学・物理学」、第二組が「道徳・政治」、第三組が「応用科学」、第四組が「文学・美術」とされ、それぞれの組がさらに様々な分野に分けられている。全部で九十七条からなり、タレイラン案と同様、初等教育から高等教育、さらには研究機関までを網羅的・体系的に位置づけている。

あいにく立法議会は、コンドルセが公教育案を提出する前日の四月二十日にオーストリアに宣戦布告したところだった。戦争への対処が最優先の課題となり、腰を据えて公教育制度の検討をする余裕はなくなっていた。コンドルセの公教育案は審議もされないまま、議会では忘れられることになった。またしても実現には至らなかったのであるが、タレイラン案とコンドルセ案の双方からは、啓蒙主義的な理性への信頼、知識の普及が社会の進歩をもたらすという信念が窺われるのである。言い換えれば主知主義的ないし学問的であり、エリート主義的でもあった。それは「革命的熱狂」を学校内に持ち込むことを拒むものだった。

ロム案とラボ＝サン＝テチエンヌ案

一七九二年秋に立法議会が解散して国民公会が召集されると、十二月二十日にジルベール・ロムが、翌二十一日にラボ＝サン＝テチエンヌが、それぞれ公教育案を議会で発表したが、両者の内容は対照的である。

ロム案では、公教育は①初等学校、②中等学校、③学院（instituts）、④リセの四段階の積み重ねで行なわれ、初等学校では市民に必要な最低限の知識が、中等学校ではそれに加えて、公職や通常の仕事に就くのに必要な知識が授けられる。学院ではさらに、科学・技芸・文学の初歩が教授され、リセでは様々な分野の知識が扱われる。すなわち基本的な姿勢としては、知育中心という点でコンドルセ案に類似している。公教育はすべて無償とされてもいる。

それに対してラボ＝サン＝テチエンヌ案では、各小郡は農村部に、市民の集会や学習、祭典などに用いることができる施設を建て、その周囲は木陰のある広場として、種々の運動や祭典に用いることができるようにする。それは「国民の神殿」と呼ばれる（それが完成するまでは教会堂や野原で代用する）。ここで体力や機敏さ、健康を強化するための運動やスポーツが行なわれ、毎週日曜日には市民の集会が開かれて、道徳のレッスンが行なわれる。これらの集まりにおいては、祖国の名誉とすべての人の自由・平等・博愛を称える賛歌が歌われる。

市民は、戸外活動にふさわしい季節に、それぞれが行なっている軍事訓練を紹介しあう。十歳になった子供は権利と義務の宣言および主要な市民的賛歌を暗記していなければならず、七月の第一日曜日に、それについてのコンテストが行なわれる。十歳以上の子供は軍事訓練を受ける。同様に、子供には職業訓練と体育運動が課せられる。公共の集会において、六十歳以上の男女には特別席が用意される。彼らは日常生活において、子供たちの品行の監視にあたる。子供たちの衣服は立法府によって定められる。職業訓練は常時、あらゆる年齢の住民にほどこされる。二十一歳以上の市民で、自己の生活を支えられるだけの収入を得られる職業を持たない者は、市民権を行使できず、公職と軍事に携わることはできない。ラボ＝サン＝テチエンヌが構想するのは要するに、古代のスパルタを思わせるような、すべての世代の住民を対象とした体育と徳育なのである。

ロム案・ラボ＝サン＝テチエンヌ案はともに簡潔で、法案そのものというより、法案作成にあたってその要点のみを書き出した素案と言うべきものだった。ただ、当時の国民公会では国王裁判が喫緊かつ最重要の課題だったから、両案はいずれも本格的な審議の対象にはならなかった。それにしても、公教育制度の確立が議会に負わされた重要な課題だという意識が国民公会の議員にも共有されていたことは窺われる。またタレイラン案、コンドルセ案、ロム案がいずれも、初等教育から高等教育までに対応するいくつかの種類の学校を積み重ねるシステムでの知育を重視している中に、ラボ゠サン゠テチエンヌ案のように学校制度を持たない体育・徳育中心の教育構想が飛び込んできたことは興味深い。それまでの主知主義とは距離をおくサン゠キュロット層の社会意識や教育観が、議員にも影響を持ち始めたことが窺われるのである。

シィエスの公教育案

シィエスを中心とする公教育委員会が一七九三年半ばに新たな公教育案を構想したのは、今見てきたような流れの中においてだった。そして、タレイランは立法議会期にもシィエスが交際を続けた数少ない憲法制定国民議会議員の一人であり、コンドルセは、すでに述べたように、必ずしも常に意見が一致するというわけではないにせよ、シィエスの盟友と言ってよい存在だった。そのシィエスが国民公会において、友人二人がそれぞれに苦労して体系的な公教育案を作成した後を受けて、新たな計画を考えたのである。当然ながら二人の前任者との類似点・相違点の比較が気になるところであるが、基本的には同じ路線であることが予想される。だが提出されたシィエスの案はタレイランやコンドルセのそれとはまったく異なっていた。ラボ＝サン＝テチエンヌが示した新しい傾向にシィエスも配慮したことが窺われるのである。

　もっとも基本的な相違は、シィエスの法案において新たに設置されるのは、小学校に対応する国民学校のみである点だろう。これは原則として人口千人につき一校の割合で作られ、男女別学である。生徒は読み書きの学習から始めて、算数の初歩、辞書の用い方、幾何学・物理学・地理学の初歩、道徳および社会秩序について学ぶ。同時に、健康を維持し、体力と器用さを養うための体育運動も行なう。国民の祭典に参加するための歌唱と舞踏も必須であり、男子は軍事教練も受ける。年に数回は、教員に連れられて病院や監獄を見学する。手工業工場《マニュファクチュール》や作業場の見学もあり、また男子は役に立つ手仕事を、女子は裁縫や編み物を学ぶ。すなわち、単なる知育のみでなく、体育や徳育も重視されるし、教室で教師から教わるだけでなく、自らの経験を通して学ぶことにも力点が置かれている。

　シィエスは、自らの公教育案へのコメントにおいて、フランスのように発展した国においては、中等以上の教育は個人の努力に委ねることが可能なのであり、国家はそのための奨励策をとるだけでよいと述べている。法案においても、誰でも自分がよいと思う学校を設立する権利が認められるとともに、各郡には一般に公開される国立図書館を開設することが定められ、また植物園、自然誌陳列室、耕作実験用地、天文台、博物館、陸軍学校と海軍学校、学者と芸術家の協会などが整備されるべきことが謳《うた》われているが、具体的な規定はない。

シィエスが公教育制度において、国民学校とともに重視するのが祭典である。彼のコメントによれば、国民教育とは「公共事の大義」のもとに国民を統合することを図るものであって、すべての年代の人が対象となり、祭典はそのための重要な手段の一つなのである。ちなみに、ここで「公共事」と訳したchose publique はラテン語の res publica のフランス語への直訳であり、またこのラテン語は「共和政 république（英語の republic）」の語源でもある。言い換えると、国民全体が公共事に我がこととして取り組むのが「共和政」ないし「共和国」なのであるが、そうすると先のシィエスのコメントは「国民教育とは共和政（もしくは共和国）の大義のもとに国民を統合することを図るもの」と訳すことも不可能ではない。そして「自分も公共事に能動的に取り組む、共和国の一員である」という自覚を涵養するのに、祭典は効果的な手段なのである。

シィエス案においては、各個人や団体は個別の共和主義的祭典を自由に開く権利があるが、そうした個別の祭典よりは市町村の祭典が、また市町村の祭典よりは国民の祭典の方が優先するとされる。国民の祭典は、小郡ごとに開催されるもの、郡ごとのもの、県ごとのもの、首都で開催されるものの四種類があり、それぞれのテーマは、季節や自然の時期区分に関連するもの、人間社会の時期区分に関連するもの、フランス革命に関連するものの三つのテーマに分かれる。

そして、小郡単位で開かれる祭典としては、農作業の開始を祝う祭り、若者を祝う祭り、人権を祝う祭りなど、全部で十五の祭典が示される。郡ごとの祭典としては、収穫祭、祖先の思い出の祭り、自由の祭典など全部で九点、県ごとの祭典としては、春の祭り（春分の日）、詩文・科学・技芸の祭り、個別特権の廃止の記念日（八月四日）など十点が示される。最後に首都で、共和国全体の名において祝われるべき祭典としては、自然の祭典（五月一日）、人類の友愛の祝日（元日）、フランス革命記念日（七月十四日）など五つが挙がっている。

それ以外に、各小郡には少なくとも一つの国立劇場が設立され、市民が自由に集まれるようにするが、そこで男性は軍事・音楽・舞踏・種々の体操の訓練を、女性は舞踏と音楽の訓練をする。いずれも国民の祭典をより美しく、より荘厳にするための準備である。

ロベスピエールの批判

公教育委員会の法案が国民公会に提出されると、その内容自体よりも発案者がシィエスであるという点が、山岳派議員による批判を引き起こした。先頭に立ったのはロベスピエールである。彼は一七九三年七月三日に新たな公教育委員会の設置を提案し、認められると自らがその委員会のメンバーになって、同月十三日に公教育委員会を代表して議会で演説し、ミシェル・ルペルチエの手になる公教育案を法案として提出した。同じ法案に若干の修正を加えたものを同月二十九日に再提出しているので、そちらを見ることにしよう。

初等教育は「国民教育」と呼ばれ、義務制・無償制で、男子は五歳から十二歳、女子は五歳から十一歳までであり、生徒全員が寄宿舎に入って共同生活を送る。国民教育の目的は児童の身体を強化すること、体操運動によって身体を発達させ、肉体労働に慣れさせ、あらゆる疲労に耐えられるようにすることであり、また有益な教育によって心と精神を養い、いかなる職業に就いても市民に必要とされる知識を与えることである。国民教育における児童の時間は勉学・手仕事・体操運動に充てられ、勉学としては読み書きと計算を学ぶ。男子は測量の初歩や憲法、普遍的道徳、家政と農業に関する知識も学ぶ。自由な諸国民の歴史やフランス革命の歴史に見られる、心を打つ物語や市民的唱歌を覚えることで記憶力を養う。女子も市民的唱歌を覚え、また女性が持つべき徳を養う物語を歴史から学ぶ。男女とも手仕事を学ぶ。男子は学校の近くにある手工業工場《マニュファクチュール》の作業場や学校内での作業実習と農作業を、女子は糸紡ぎ・裁縫・洗濯を学ぶほか、男子と同じく、近隣の作業場や学校内での作業実習を行なう。

学校には作業員はおらず、年長の生徒が、教師の監督のもとに、校内の掃除など必要な作業を行なう。国民教育の学校内もしくはその近隣には、自らは生計を営めずにコミューンに養われている老人や体に障害のある者が配属され、児童が彼らの扶助や介護にあたる。国民教育を十二歳で修了すると、その上に学院(instituts)とリセがあり、文学・科学・美術を教授する。(法案には明言されていないが、学院・リセに進学できるのは男子に限定されるようである。)いずれも無償だが、学院に進学できるのは国民教育の卒業生五十名につき一名のみであり、リセに進学できるのは学院の卒業生の半分のみである。なおロベスピエールの七月十三日の提案では、学院は五年制、リセは四年制とされているが、二十九日の修正案ではリセが五年制と規定されているだけで、学院の修了年限は規定されていない。

このように見てくるとロベスピエールが提出したルペルチエ案は、初等教育が義務制・全寮制であることと、祭典への言及がまったくない点がシィエス案とは異なっている。しかしながら、初等教育中心であって中等・高等教育は重視されていない点、知育よりも休育と徳育が重視されている点、体験と実習が重視されている点など、共通する部分も多い。またラボ゠サン゠テチエンヌ案とルペルチエ案では革命的な唱歌を学んで暗唱することが教育の一環として重視されているが、祭典での歌唱と舞踏に備えることはシィエス案でも触れられている。敢えて単純に図式化すると、一七九二年末から一七九三年にかけて現れるこれら三つの「初等教育重視、体育・徳育重視」型の公教育案と、タレイラン案、コンドルセ案、ロム案に見られる「知育重視」型（敢えて言えば「知的エリート養成型」）の公教育案が、はっきりとした対照を示しているのである。その背景として考えられるのが、当時のパリ社会の状況である。

ジロンド派と山岳派

国民公会は、成立した時からサン゠キュロットの圧力にさらされていた。ジロンド派議員はサン゠キュロットの介入をできるだけ排除し、代表制議会主義を守ろうとしていた。それに対して山岳派は、基本的にはジロンド派と同じく代表制を支持しているものの、対外戦争や国内の反革命反乱に対処するためには、直接に戦力となって働く民衆層に一定の譲歩をし、その支持をつなぎとめることが必要だと判断していた。一七九二年から九三年にかけての冬における国王裁判において、それまでは対外戦争の遂行に関してルイ十六世に批判的だったジロンド派が国王に寛大な措置を講じようとしたのに対して、山岳派が執行猶予なしの死刑を主張したのも、ある程度は両者それぞれとサン゠キュロットの関係を反映している。また一七九三年春の議会内の抗争は、表面的にはジロンド派と山岳派の争いだが、実質的にはジロンド派とパリのサン゠キュロットの対立だった。そしてこの対立は、すでに見たように、五月三十一日と六月二日の二度にわたってサン゠キュロットが蜂起して議会に侵入し、山岳派の主導によって国民公会が二十九名のジロンド派議員の逮捕を命じたことで決着することになる。

サン゠キュロット層の大部分は、事務労働よりは体を動かす作業に従事しており、その発想は日常生活で直接に見聞きする範囲に限定される。革命とは、庶民にとって基本的な権利（その中心は「飢えない権利」）を認めようとする「革命派＝善」と、それを妨げようとする「反革命派＝悪」の倫理的な対決なのであり、貧困問題は、社会全体の経済構造の問題としてよりも、人々の善意の欠如という倫理的問題として意識され、目の前にいる貧者への救貧活動に関心が向くのである。また、読み書き・計算などの最低限の知識を除けば、人生に必要な知識は自分の職業を営む中で経験的に体得すべきものだった。その限りにおいては、反知性主義的である。そして公教育に関するラボ゠サン゠テチエンヌ案、シィエス案、ルペルチエ案はいずれも、これらがサン゠キュロット的な人生観・教育観を受け入れる、もしくはそれに譲歩ないし妥協する形で、構想を組み立てているのである。

ロベスピエールがルペルチエ案を再提出した一七九三年七月二十九日には、彼以外にもラフォン、ドラクロワ、アンツ、レオナール・ブルドン、クペの各議員がそれぞれの公教育案を提出している。八月十三日にロベスピエールは、ルペルチエ案を優先し、それのみに絞って討論することを提案したが、どの案を優先するかについては異論もあり、結論は出なかった。その後、さらにいくつかの動きを経て、公教育制度の問題が国民公会でようやく決着がつくのは、この年の十二月に入ってからである。この月の八日（共和暦二年フリメール十八日）にブキエが提出した法案が、若干の修正を経て、同月十九日（フリメール二十九日）に採択されたのだった。しかしこれは、シィエスの公教育案が提出された頃とは異なるコンテクストでの話である。

サン゠キュロットの活動家が実力行使に踏み切った時の圧力には侮れないものがあり、山岳派の議員は、時にはサン゠キュロット層の要求に譲歩しつつ、そのエネルギーをジロンド派との抗争などに利用していた。シィエスのように山岳派ではない議員も、教育案についてはサン゠キュロットに一定の配慮を示したのである。しかしサン゠キュロット層の政治意識は、食糧問題など自分たちの日常生活に密着したものに限られていた。国家全体の政治制度のあり方などは彼らの関心にはならなかったが、議員たちがそうした問題を構想する際には、彼らは単なる攪乱《かくらん》要因でしかなかったのである。戦争と内乱から生じた危機に対処するのに彼らのエネルギーが有益である間は、サン゠キュロット運動も容認されていた。しかしそうした危機が去ると、シィエスのような議員たちにとっては、そのような攪乱要因を含まない国家構想の構築が新たな課題になってくる。しかし、それは第五章以降での話である。

四　恐怖政治期を生きる

国民公会期のシィエス

国民公会の議員になってからのシィエスの歩みを見ると、そこにある意味での一貫性を見て取ることができる。すでに見たように、立法議会期には彼はジロンド派に近かったのだが、国王裁判において、国民公会内の山岳派と議会外のサン゠キュロットの勢力が優勢なのを見ると、彼は国王処刑に賛成した。積極的に発言したわけではないが、大勢には順応したのである。『第三身分とは何か』出版以来の知名度の高さから、国民公会においても主要な委員会の委員に任命されたが、総防衛委員会のような時局と政局に直接に関わる委員会は重任を拒否したし、この委員会に代わる公安委員会にも、委員候補とされながら辞退している。彼が公教育委員会を好んだのは、ブルダンによれば、この委員会にはシィエスに似たタイプの議員が多かったからであり、またこの委員会は独自の図書室を持っていて、シィエスはこの図書室に籠《こも》って一人で読書して過ごす時間が長かったという。

さらに、一七九三年六月二日に、議場に侵入したサン＝キュロットの圧力のもとにジロンド派議員の追放と逮捕が決められた時、シィエスは議場にいたが、一言も発言せずに事態を黙認した。その月の二十四日に山岳派が大急ぎで用意して採択した九三年憲法は、普通選挙制をとる点、選挙民の第一次集会が法令の批准をする権限を持つ点など、直接民主政的な色彩が強く、代表制を支持するシィエスには到底受け入れられないものだったはずだが、シィエスは何も批判しなかった。コンドルセが激しい批判を加え、それが彼の人生の終わりをもたらすきっかけになったことは、すでに述べた通りである。要するにシィエスは国民公会において、時流に逆らってでも自己の信念を貫くようなことはせず、国王裁判に関連して引用したバスティッドの表現に倣えば、「物事の必然の流れには逆らわない人」であり続けたのである。

同じことは、前節で見た公教育案についても言えるだろう。これは不思議な作品である。端的に言って、シィエスらしくない。革命前からの彼の知識や教養の形成のあり方、ここまで見てきた革命期の思想から見るならば、タレイラン案やコンドルセ案と類似した主知主義的な教育案の方が彼にはふさわしいのではないだろうか。民衆ないしサン＝キュロットは彼にとって、教導すべき対象ではあり得ても、その心性や社会的意識に彼の方から歩み寄る対象ではなかったはずである。

また彼は、前節で触れた『社会教育ジャーナル』掲載の公教育案へのコメントにおいて、「(祭典を上手にリードできる)啓蒙された人物が指導するなら、儀式は人間精神や人権と同じように進展し、平等とよき民主主義が地上に確立されるだろう」と述べている。当時の用語では「民主主義」とは直接民主政であって、サン゠キュロット層の理念ではあっても、代表制を支持するシィエスの思想とは相容れないものだったはずである。ここでも彼はサン゠キュロット層に譲歩しているのである。彼の公教育案は、サン゠キュロットの政治的・社会的な意識と要求への妥協を含んでいて、彼の本来の思想の表明と見ることはできないのではないだろうか。

繰り返すが、シィエスは六月二日にかつての仲間であるジロンド派議員が追放され逮捕令が出されるのを黙ったまま見過ごし、その直後に妥協的な公教育案を作っても、その発表は別の議員に委ねた。そのようなシィエスをロベスピエールは「革命のモグラ」と呼んで、揶揄《やゆ》・軽蔑している。自らは目立たないように姿を隠し、陰で策謀をめぐらしては他の人にやらせていると見たのである。その公教育案はシィエス本来の思想を反映したものではなく、保身のための妥協を含んだ胡散臭《うさんくさ》いものだと看破したから、ロベスピエールは法案それ自体よりも、その作者がシィエスだという点を問題にし、公教育委員会を改組させて自らがその委員になって、基本的にはシィエス案と同じ路線のルペルチエ案を提出したのだった。

革命政府の成立

ジロンド派議員を追放した山岳派は、一七九三年六月下旬に憲法を採択して国民公会のヘゲモニーを握るが、対外戦争と国内の反革命反乱という二重の危機の時代においては憲法の施行は現実的ではないとして、「憲法に基づかない政府」＝「革命政府」の樹立を目指す。七月と八月は、議会内の山岳派と議会外のサン＝キュロットの主導権争いの時期だった。七月末にロベスピエールが公安委員会に加わると、この委員会が次第にイニシアティブを取るようになり、サン＝キュロット運動のエネルギーを吸い上げて自らの力になるように利用しながらも、運動自体には上から枠をはめて統制し、自らが実質的な政府となって、政治全般を指導する体制を作り上げていく。公安委員会の委員でロベスピエールの右腕とも言えるサン＝ジュストが十月十日に国民公会で行なった「革命政府の宣言」が、その総仕上げである。

この頃から翌一七九四年七月末のテルミドールのクーデタまでが、革命政府ないしは恐怖政治の時代である。「共和暦二年（一七九三年九月二十二日―九四年九月二十一日）」の語が、革命政府・恐怖政治の代名詞として用いられることもある。「ロベスピエール（もしくはロベスピエール派）の独裁」と呼ばれることもあるが、ロベスピエール（派）は公安委員会の内部でも目立つ位置に立っていたというだけのことで、彼（ら）の発言力が他の委員よりも勝っていたという事実はない。

パリのサン＝キュロットは、一七九三年の夏の間に次第に議会内の公安委員会に抑え込まれて、主体的な政治活動をしづらくなっていったが、秋になると非キリスト教化運動に自分たちのエネルギーのはけ口を見出すようになった。十一月七日には立憲派のパリ大司教ゴベルが、サン＝キュロットの圧力のもとで、国民公会に出頭して聖職の放棄を宣言したし、三日後の十一月十日には、サン＝キュロットが主導権を握っているパリ市当局がノートルダム大聖堂を占拠して、そこで「自由と理性の祭典」を挙行している。

同じ十一月十日にシィエスは国民公会で発言し、「自分は迷信と狂信に対する理性の勝利を喜ぶ。自分は自由と平等の礼拝のみを信じる。自分が信じるのは人類と祖国に対する愛の宗教である」という趣旨を述べた上で、「自分はもはや聖職者ではないが、かつての聖職禄の補償として現在得ている年一万リーヴルの生涯年金を放棄し、これを祖国に寄贈する」と宣言した。年一万リーヴルといえばかなりの大金で、シィエスにとっても経済的に打撃であるが、他にも収入はあるので、すぐに生活に困るわけではなかった。ここでもまた、シィエスは物事の必然の流れには逆らわず、非キリスト教化運動に棹《さお》さしたのである。これを最後に彼は政治の表舞台から完全に姿を消し、「革命のモグラ」に徹することになった。

次に国民公会の演壇に上るのは一七九五年の三月、テルミドールのクーデタでロベスピエール派が倒れてから半年以上も経ってからのことである。この頃に、革命政府の時期には何をしていたのだと問われて、彼は「私は生き延びていました」と答えた。確かに、シィエスのような地位と立場の政治家にとって、恐怖政治を生き延びるのはそれだけで、全精神を集中して取り組まねばならない困難な任務だったであろう。また一八三二年、すなわちフランス革命後のナポレオン帝政も、さらにその後の復古王政も過ぎ去り、シィエス自身も八十代の老人になっていた時期に、風邪で寝込み、熱で頭がもうろうとなっていたシィエスは、うなされるように「もしロベスピエール氏が訪ねてきたら留守だと伝えてくれ」と下男に言ったと伝えられる。恐怖政治期の辛い思い出は、それから四十年近く経っても、シィエスにはトラウマになっていたのである。

シィエスは一時的に舞台裏に姿を消したが、一七九三年夏から翌九四年夏までの革命政府の時代はフランス革命全体を理解する上で重要な時期であるから、ここで簡潔にまとめておこう。すでに述べたように革命政府はロベスピエール（派）の独裁ではなかったし、公安委員会の独裁でもなかった。というより、公安委員会は革命政府期を通じて絶えず、フランスの行政全体を自己の監督下に置こうと努力し続けたが、ようやくそれに成功したかに見えた時にテルミドール九日のクーデタ（一七九四年七月二十七日）が起きて、革命政府自体が実質的に終わったのだった。

誰が「恐怖政治」を実践していたのか

具体的に見ると、例えば革命軍は九三年九月にサン゠キュロットの要求に応じる形でパリに設置され、じきに全国の県の約三分の二に広げられた。「革命軍」というが純粋な軍事組織ではなく、都市への食糧供給のために農村部を巡回して穀物などを徴発するのが主たる任務であり、同時に担当地域の治安維持にもあたった。また「革命の敵」を取り締まるための監視委員会が全国に作られ、民衆層も委員として参加していたし、反革命容疑者を裁くための革命裁判所も、県単位のもの、地方に派遣された議員が臨時に開設するものなどが各地に創設された。すなわち「恐怖政治」は様々なレベルで多様な人々によって担われていたのである。

そして、すべてが革命の理念に照らして正当に運営されていたわけではなかった。革命軍は常に紳士的に食糧を徴発したわけではないし、地方のレベルでは、革命前から続いているトラブル（例えば隣接地の境界をめぐる揉め事）の当事者が、互いに相手を「反革命容疑者」として当局に告発することもあった。九三年九月以降、国民公会は監視委員会を公安委員会・保安委員会との連絡機関とする。すなわち中央の出先機関とすることでその活動を統制しようとしたのだが、それが必ずしも機能したわけではなかった。また県や軍隊への派遣議員制度は、国民公会が自らの政策の実施を効率的に進めるために採った制度であるが、時には地方に派遣された議員が規範を逸脱して、残虐な弾圧を行なう場合もあった。例えばヴァンデーの反乱が猖獗《しょうけつ》を極めるブルターニュ地方のナントに派遣されたカリエは、溺死刑《できし》を「発明」している。反乱に参加した容疑で逮捕された者をまとめてボロ船に乗せ、意図的に沈没させたのである。

すなわち「恐怖政治」は、中央の国民公会やパリの革命裁判所だけに拠るのではなく、フランス全国において、様々な種類の組織や個人によって個々バラバラに実践されていたのだった。また革命政府の政策は、民衆層の要求に応えたり、革命の理念を追求したりするためのものである場合にも、国内と国外双方の敵に対する戦争の遂行のための必要に結びついている場合が多かったことも、併せて指摘しておこう。例えば革命軍の設置に併行して、穀物の最高価格も改訂されている。これらは都市民衆層に食糧を供給して、彼らの不満を鎮めるための政策ではあり、革命軍と同じ趣旨ではあるが、議会も軍に食糧を安定的に供給する必要に迫られており、小麦などを安定した価格で農民から徴収できるようにすることは政府にとっても役立ったのである。

「外国人の陰謀」事件

先に見たサン＝ジュストによる九三年十月十日の「革命政府の宣言」は、各地方・各レベルで様々な人が強圧的な手段をとっている事態を改め、中央の公安委員会・保安委員会が一元的に政策を把握し遂行する制度を宣言したものであるが、スタートからつまずいた。十月の半ばから「外国人の陰謀」と呼ばれる事件が明るみに出て、政局が混乱に陥ったのである。

これは、フランス革命によって廃止されたインド会社の清算をめぐって起きた、大規模な汚職・横領事件であり、外国人の銀行家も何人か関与していたので「外国人の陰謀」と呼ばれる。当時の山岳派議員の中にはエベール派とダントン派がいた。前者は左派で、パリの民衆運動を支持基盤とし、直接民主政と過激な社会政策を求めていた。後者は右派であり、外国との和平や穏和な自由主義的政策を主張していた。政治的には相対立する両派の議員はともに「外国人の陰謀」事件に関与し、自らの蓄財に励んでいたのである。

彼らは、自らに降りかかる火の粉を振り払うために相手側の議員を批判し、それが本来の政策論争にも反映して、一種の泥仕合になった。十二月四日には、革命政府の原理を定める「フリメール十四日の法」が制定された。その法で定められたのは次のようなことである。すなわち法律の解釈権は国民公会のみが持ち、国民公会以外の組織や個人が、法の解釈や補足の名のもとに独自の布告や命令は出せないこと、すべての行政機関・議員や大臣・各種委員会は公安委員会・保安委員会の監督下に入ること、地方の革命軍や県革命裁判所は廃止されること、派遣議員は公安委員会の強い監督下に入ること、などである。しかし「外国人の陰謀」事件の影響で、国民公会と公安委員会の実質的な統率力は低下したままだった。

翌五日にカミユ・デムーランが『ヴュ・コルドリエ』紙を発刊した。彼はロベスピエールとは学生時代からの友人であり、革命が始まるとジャーナリストとして活動していたが、国民公会議員に選出され、この頃にはダントンに近い立場だった。五日おきに発行される『ヴュ・コルドリエ』紙において、彼は恐怖政治の中止を要求した。彼は、自由と平等の理想郷を求めたはずの革命の中で恐怖政治が行なわれている現状を批判したかったのであって、単に友人のダントンとその仲間を「外国人の陰謀」事件から救いたかっただけではない。

しかし国内・国外の反革命勢力との戦争を遂行するためには強圧的な臨時措置＝革命政府が

必要だと考える公安委員会にとっては、デムーランの主張は裏切りに等しかった。同じ十二月の二十五日、ロベスピエールは公安委員会を代表して「革命政府の諸原則に関する報告」を国民公会で行ない、「（フランス国民は）弱さと無鉄砲さ、穏和主義と過激さという二つの暗礁の間を漕ぎ進まなければならない」と述べた。すなわち「弱さ＝穏和主義＝ダントン派」と「無鉄砲さ＝過激さ＝エベール派」の双方を批判し、それらに代わるものとして「祖国愛」と「徳（＝自己犠牲の精神）」を説いたのである。それでもデムーランは自己の新聞での政府批判を止めなかった。ロベスピエールは翌一七九四年二月五日に再び公安委員会を代表して議会で演説し、「徳なき恐怖は悲惨であり、恐怖なき徳は無力である」と述べる。自己犠牲の精神に基づいた恐怖政治によって事態を乗り切るべきことを、改めて宣言したのである。

結局のところ、革命政府はデムーランないしダントン派と和解できなかった。もう一方の当事者であるエベール派はパリの民衆に蜂起を呼びかけ、実力で事態打開のイニシアティブを取ろうとした。もはや政治的な解決の道はなかった。公安委員会は三月十三日にエベール派議員を逮捕し、裁判にかけた上で同月二十四日に処刑、返す刀で同月三十日に、デムーランを含むダントン派議員を逮捕し、同様に四月五日に処刑した。血なまぐさい解決策ではあったが、ともあれ、革命政府は「外国人の陰謀」事件によって生じた重荷を払いのけ、自らが政治のイニシアティブを取ることができるようになったのである。

革命政府の再組織

そもそも革命政府もしくは恐怖政治は、内外の戦争に効果的に対応するために採用された臨時の政治形態であるわけだが、主導権を取り戻した公安委員会は一七九四年の春から、「革命政府後」を視野に入れた、永続的な法令や政治制度の構築を意識するようになる。だがその詳細は本書では割愛し、差し当たって重要な三つの施策を見ておきたい。すなわち最高存在の祭典の企画と実施（六月八日）、「革命裁判所に関する法令」（いわゆるプレリアル二十二日法）の採択、派遣議員の呼び戻しである。

まず「最高存在の祭典」だが、九三年の秋にエベール派の主導で行なわれた非キリスト教化運動は国民の間に分裂をもたらしていた。その傷を修復するとともに、革命の理念を宗教的にアピールするために企画されたのが、この祭典である（図参照）。「最高存在」とは、理神論が考える（キリスト教とは距離をおいた）神であり、この神への信仰が国民の宗教感情を満たすとともに、革命と共和政の原理である徳を生み出すことが期待されていた。ちょうどこの時期に国民公会の議長を務めていたロベスピエールがこの祭典を主宰した。単に議長の職務として務めたに過ぎないのだが、九三年十二月二十五日と九四年二月五日の演説で革命政府の原理について演説した彼が祭典を主宰したことは、あたかもロベスピエールが革命政府の主導者、もしくは革命政府そのものであるかのような印象を人々に与えた。

公安委員会は一七九四年五月八日に、県革命裁判所の廃止を再確認するとともに、地方の革命委員会（反革命容疑者の裁判も担当）を原則として廃止することを決めた。その結果、これまで地方が担当していた裁判のほとんどがパリ革命裁判所の管轄となった。これもまた、地方ごとにばらばらに行なわれる「恐怖政治」を廃止し、中央に一元化するために採られた措置だが、必然的にパリ革命裁判所の仕事が急増したので、裁判の能率化もしくは簡素化が必要となる。

1794年6月8日に開かれた最高存在の祭典。議長を務めたロベスピエールは、革命政府の主導者であるかのような印象を与えた

そのために作られたのが、第二の「革命裁判所に関する法令」である。ロベスピエール派の議員であるクートンが準備したが、被告となるべき「人民の敵」の定義が必ずしも明瞭ではなかったり、裁判手続きの簡素化は誤審や冤罪の危険性を高めると危惧されたりしたことなどから議論が紛糾し、審議の継続と採択の延期を求める声も大きかった。しかし議長のロベスピエールはクートンを支持し、かなり強引な議事の運営で、その日のうちに採択した。これまでフランス各地で行なわれていた反革命容疑者の裁判がパリだけに集中したのだから、当然ながらパリでの裁判は急増し、ギロチンでの処刑も増えた。連日、処刑囚が何人も馬車に載せられ、大通りを通って処刑場に連ばれるのを否応

なしに目にする、陰惨な日々が続くことになったのである。

県や軍に派遣される議員は、本来は国民公会の訓令に従い、そこに示された業務を遂行するのが任務だったが、自らの大物ぶりを周囲に見せつけるために、敢えて訓令を無視する議員も少なくなかった。ナントに派遣されたカリエには先ほど触れたが、彼のように「サディスト的」とも言える過酷な弾圧をする議員や、無神論的な非キリスト教化運動を派遣先で主導する議員は他にもいたのである。そのうちの何人かは一月から二月にかけてパリに呼び戻されたが、四月十九日には二十一名の議員がまとめてパリに召還された。彼らは、自分たちが公安委員会の不興を買っていることは自覚していたが、単に召還されただけなのか、職務義務違反で裁判されることになるのか、裁判されたらどのような刑を宣告されることになるのか、まったく見当がつかないまま、疑心暗鬼に陥っていた。

テルミドール九日のクーデタ

国民公会の中には山岳派より穏和で保守的な平原派と呼ばれる議員たちがいたが、彼らにとっては革命政府の強硬な政策、とりわけ最高価格法に示されるような統制経済は、戦争の遂行のために耐え忍んでいるに過ぎない必要悪だった。ところが九四年春にはブルターニュ地方で続くヴァンデーの反乱はほぼ鎮圧された（後に再び息を吹き返すが）。また対外戦争もフランスに有利になり、六月初めには外国軍をフランス国外に追い出し、ベルギーを戦場にすることになった。そのベルギーでの戦争でも、六月二十六日のフルーリュスの戦いで決定的と言える勝利を収めた。東部のアルプス方面、南部のピレネー方面でもフランスに有利な状況が続いた。すなわち平原派の議員にとっては、窮屈な革命政府を耐え忍ばなくてはならない理由はほぼなくなったのである。

ロベスピエールは、すでに述べたように、「革命政府」ないし「恐怖政治」を体現している人物と見做されていたし、パリで陰惨な処刑が増えた点でも反発を買っていた。多くの人が、ロベスピエールを倒せば血なまぐさい恐怖政治は終わると考えたのである。

責任を糾弾されることを恐れている派遣議員は「倒される前に倒す」こと、すなわちロベスピエール派をエベール派・ダントン派に次ぐ第三の「革命の敵」に仕立て上げる陰謀を進めた。七月二十七日（テルミドール九日）、国民公会は朝十一時頃に開会し、正午過ぎにロベスピエール派のサン゠ジュストがロベスピエールを擁護する発言をしようとしたが、召還された派遣議員の一人であるタリアンにさえぎられた。それを合図に議場は大混乱となり、「暴君を倒せ」という怒号の中で、兄マクシミリアンと弟オギュスタンのロベスピエール兄弟、サン゠ジュスト、クートンおよびルバの逮捕が決定された。

パリ市当局はロベスピエール派を支持していたので、逮捕された議員たちは市の関係者に救出されて市役所に向かったが、結局は国民公会が動員した軍が市役所を襲って再逮捕した。彼らはこの一連の出来事の最中に法の保護を解かれていた（すなわち「何人も裁判で有罪と認められるまでは無罪と推定される」など、刑事犯にも一定の権利を認める法的規定を適用しないことが宣言されていた）ので、裁判にかけられることなく、翌二十八日の午後八時頃に処刑された。これがテルミドール九日のクーデタである。

次章では、以上の恐怖政治期を乗り切った議員たちとシィエスが、新しい憲法体制に向けて進んだ道を追うことにしよう。

第五章

立法府より執行府を――九五年憲法は何を変えたか

一 「恐怖政治のシステム」

テルミドール派の内訳

テルミドール九日のクーデタを主導したグループは、主として二つのグループからなっており、互いに共有していたのはロベスピエール派への反発だった。第一はフレロンやタリアンなど、召還された元派遣議員である。彼らは時流に乗って派遣先で「恐怖政治」を実行したが、政治的な定見は持たず、次第に保守化して「テルミドール右派」となっていく。第二は政府委員会*のカル

＊ 国民公会の中の公安委員会と保安委員会は、実質的な政府として革命政府の政策の立案と遂行にあたっており、両委員会を併せて政府委員会と呼ばれていた。

ノやバレール（ともに公安委員会委員）、ヴァディエ（保安委員会）などで、主に「革命裁判所に関する法令」をめぐってロベスピエール派と政治的に対立したが、革命政府自体は支持しており、「テルミドール左派」と呼べる位置を占めることになる。第一グループが首謀者で、第二グループはそれに引きずられる形でクーデタ計画に加わり、平原派議員はクーデタを黙認したのだった。これら三種類の議員たちが広義のテルミドール派と呼ばれる。

クーデタ自体が多分に場当たり的なものだったので、テルミドール派はクーデタ後については特に展望や政策を持たず、差し当たっては革命政府を解体するつもりはなかった。ロベスピエール派が処刑された翌日の一七九四年七月二十九日に、バレールは処刑された三名の後任の委員候補を国民公会に提案している。彼を含む第二グループにとっては、テルミドールのクーデタは革命政府の純化であり、エベール派やダントン派の処刑と同様に、革命政府の活動の妨害となる分子を排除することで、革命政府の本来の活力を取り戻すべきものだったのである。

しかし、このように公安委員会がこれまで通りにイニシアティブを取ることは国民公会で認められず、後任者を決めるのは後回しにされて、国民公会のすべての委員会は、本来の規定通りに、毎月四分の一ずつ改選すべきことのみが決定された。山岳派以外の議員が政府委員会に参加する道が開かれたのであり、それに伴ってテルミドール派の第一グループが次第にイニシアティブを取り、第二グループは脇に追いやられるようになっていく。八月二十四日には国民公会の各委員会が再編成され、公安委員会はその権限をかなり削減された。九月初めの委員の改選で、バレール、ビヨ＝ヴァレンヌ、コロ＝デルボワなど第二グループに属する委員は解任された。

相前後して八月二十八日に、テルミドール派第一グループのタリアンが議会で演説し、「恐怖政治のシステム」を問題にした。批判の対象に取り上げたのは、すでに問題になっている「革命裁判所に関する法令」であるが、タリアンはそれを誇張し、話を拡大して、あたかも「恐怖政治」とされるものすべてがロベスピエール派の陰謀であり、彼らはその陰謀によって人々の精神を恐怖感で麻痺させ、自分たちによる独裁・専制を樹立しようとしていたかのように印象づけた。まるで、タリアンなどの派遣議員が派遣先で行なった過酷な弾圧もロベスピエール派の陰謀の一環であって、その責任は処刑されたロベスピエール派のみにあるかのように語ったのである。

議場で演説を聞く議員たちも、この一年間の革命政府の活動を経験していたのだから、どこまでタリアンの演説に納得したかはわからない。しかし「過酷な弾圧を黙認した」という点まで含めれば、多くの議員が多少は後ろめたい気持ちを持っていたのだから、「悪いことはすべてロベスピエール派の責任である」というタリアンの演説にはある種の救いがあった。

派遣議員としての活動内容を糾弾されそうになっていたテルミドール派第一グループは、巨視的に見れば、この演説によって実質的に無罪放免され、これ以降の政治を動かす勢力の一つとなるのだが、すべてが丸く収まったわけではない。ナントに派遣されていたカリエが反革命の容疑で告発しておいたブルターニュ貴族の裁判が、九月八日にパリの革命裁判所で始まったのだが、テルミドールのクーデタによって世の中の雰囲気が完全に変わっていたから、むしろカリエによる「恐怖政治」の方が問題になった。国民公会も世論の高まりには抗しきれず、十月三十日に調査委員会を設置した上で、翌月十一日にはカリエの逮捕状を出した。革命裁判所でのカリエの裁判は十二月十六日まで続き、最終日に死刑判決が出て、即日に処刑された。

王党派の活動

同じ一七九四年の秋、「ミュスカダン（しゃれ者）」や「ジュネス・ドレ（金ぴか青年団）」と呼ばれる反革命ないし王党派の若者が、パリの通りで示威活動をするようになった。亡命先から密かに帰国する反革命派も増えた。こうした、いわば「右側」からの圧力のもとで、十一月十二日に国民公会はジャコバン・クラブの閉鎖を命じ、十二月八日には追放されていたジロンド派議員の復帰を認めた。同月二十四日には、恐怖政治のシンボルの一つである最高価格法が廃止された。恐怖政治の責任者の追及を求める声も強く、十二月二十七日には、公安委員会委員だったバレール、コロ＝デルボワ、ビヨ＝ヴァレンヌ、および保安委員会委員だったヴァディエの「四人組」が「ロベスピエールの尻尾《しっぽ》」として、国民公会で告発された。身も蓋もない言い方をすれば、テルミドール派は「トカゲのしっぽ切り」として、一時的には仲間だった第二グループを切り捨てることで、自己の保身を図ったのである。

とはいえ、糾弾の手がそれ以外の議員にまで及ぶことは何としても防がなければならないのだから、無制限に「右側」と妥協して革命政府の解体を一方的に進めることはできないことは確かである。他方で、うっかり「左側」に歩み寄れば「恐怖政治」の復活につながりかねないので、民衆運動への警戒も緩められない。年末に最高価格法が廃止された結果、食糧価格は高騰していた。パリは食糧の供給に関しては比較的に優遇されていたのだが、まさにそのために近隣の貧民がパンを求めて市内に流入してきたので、やはり食糧は不足した。民衆の間に不満が高まり、翌一七九五年三月十七日と二十一日には庶民街の代表が国民公会に出頭し、パンの不足を訴えた。ネオ・エベール派の活動家がサン゠キュロット層に入り込み、制定されただけで施行されていない九三年憲法こそが理想的な民主主義の憲法だというイメージを吹き込んで、問題を政治化した。「パンと九三年憲法」が民衆運動の合言葉になっていく。政治の主導権を握るテルミドール派は、左右双方の勢力のバランスに配慮しながら、そのどちらにも与《くみ》せずに中道路線を探るという綱渡りを強いられていたのだった。

ここで改めて当時の国民公会を整理しておくと、主導権を握っているのはテルミドール派であり、その多くはかつての平原派である。その左に位置する旧山岳派はネオ・ジャコバンとも呼ばれ、一部は民衆運動と結びついているが、議会での影響力はかなり失っている。テルミドール派の右には復帰してきた旧ジロンド派がいるが、彼らの多くはテルミドール派し同じく共和政支持である(一部は王党派にまわっている)。さらにその右にいるのが王党派議員であるが、彼らは、九一年憲法への復帰を目指す立憲君主政派と、絶対王政の復活を目指す復古王政派に分かれる。

テルミドール派と旧ジロンド派にとって、立憲君主政派とは状況次第で協議や妥協の余地があるが、復古王政派は明確に反革命であって、譲歩の余地はまったくない。

二　大警察法令

シィエスの政治復帰

「革命のモグラ」として鳴りを潜めていたシィエスが国民公会の表舞台にひっそりと姿を現すのは、まさにこの時期である。すなわち一七九四年十二月二十七日の昼の本会議でメルラン・ド・ドゥエがバレールなど「四人組」を告発すると、同日晩に国民公会はこの告発を審議するための二十一人委員会のメンバーをくじ引きで決めたが、シィエスもその一人に当選したのである。この委員会は一七九五年三月二日に四人の逮捕を決める旨の報告を提出した。発表したのは委員のサラダンだが、バスティッドによれば委員長はシィエスで、実質的には彼が四人の逮捕を決定したのだった。

もっともこの二十一人委員会の仕事は、くじ引きで偶然に決まってしまったアクシデントに過ぎない。シィエス自身は、政界復帰の準備として、九四年六月に準備した原稿を九五年二月に出版している。すでに触れた『シィエスの生涯の概要』と題する自伝で、革命前からの自己の活動を記し、とりわけ憲法制定国民議会の時期からすでに自らの立場が議会の主流から次第に外れ、孤立していった過程を強調している。革命政府期の自身の沈黙を弁解するのが目的であることは、一読すれば明瞭である。三月五日に公安委員会の新たな委員に選出されると、同月の八日にはジロンド派議員（厳密に言うと、一七九三年七月二十八日の法令および同年十月三日の法令で国民公会からの追放ないし「法の保護を解く」ことが決まった議員で、九四年十二月八日の法令で議会復帰が認められる議員のリストには掲載されなかった者）の議会復帰を認める法令案に賛成する演説をしている。だが公安委員会委員として行なった最初の主要な活動は、同月二十一日の「大警察法令」に関する報告であろう。

これは、国民公会が右側の王党派と左側のサン＝キュロット活動家の双方の間の中道を探るという、前節で述べたような状況に対応する施策なのであり、九五年三月のパリの民衆運動の状況を反映している。しかしシィエスの報告では同時に、単にテルミドール期固有の状況への対応としてではなく、共和国の樹立というフランス革命の目標それ自体に直接に関連する施策として位置づけられている。その点では、この後の九五年憲法の制定に関する議論ともつながっていく要素を含んでいるのである。彼によれば、共和国の確立のためには国民代表の安全は常に保障されていなければならず、そのための措置が一七九三年五月三十一日以前にとられていたら、「世界の歴史でもっとも残酷でもっとも悲惨な時期」、すなわち革命政府と恐怖政治は避けられたはずなのである。

シィエスから見れば、「共和国の敵」（＝王党派）は「アナーキー」（＝無秩序な民衆運動）を手段として、フランス人を王政主義のくびきにつなごうとする。すなわち国民公会の「右」と「左」は別々の相反する勢力ではなく、単一の「共和国の敵」の二つの側面なのである。立法者はいかなる場合にも自由を保障し、国民代表が解散させられても自由と共和国は失われず、国民代表がすぐに再生するような措置を講じておかなければならない。そのためには、一七九三年六月二日に至るまでの過程を反省し直すのが有益である。

大警察法の採択

前章二節と三節でも触れたが、一七九三年の五月三十一日と六月二日には二度にわたってパリのサン＝キュロット活動家が国民公会の議場に乱入し、二度目の際にはジロンド派議員の追放・逮捕を要求した。そして議会もその勢いに押されて要求を受け入れたのである。シィエスはその点を報告で取り上げたわけだが、ここから彼独自の「国民」および「国民代表」の概念を窺うことができる。

サン＝キュロット活動家は、民衆ないし人民が主権者であって、普段は自らの主権を代表＝議員に預けているが、必要な際には自らの手に取り戻し、主権者自身が活動し、決定すると考える。

すなわち民衆の直接行動は、主権を取り戻した主権者自身の行動であるが故に、必然的に正しいもののはずなのである。それに対してシィエスが考える国民とは、すでに死亡した者や、まだ生まれていない者も含む、抽象的で理念的な観念であって、実在する個々の人間ではない。従って、一定の手続きを経て選ばれた国民代表のみが実在するのだが、国民代表とは議会であって個々の議員ではなく、議会全体のみが、観念的な存在に過ぎない国民に成り代わって、「国民の意思」を表明する権能を持つのである。

言い換えると六月二日の事態は、サン＝キュロット活動家にとっては、自分たちの代表にふさわしくない議員を主権者自らが排除することで、議会を純化したものであるが、シィエスにとっては、民衆のアナーキーが国民代表の一体性・全体性を破壊した暴挙だったのである。故に彼は、新たに提案する法令によって、国民公会のみが革命の舵を取って共和国の憲法を制定し、強力で活動的な政府を創出し、法を然るべく施行するようになることを目指すのである。

報告に続けてシィエスは、全部で十九条からなる法令案を提出する。その第一条では、①個人もしくは公共の所有物の略奪・対人的暴力行為・王政の再建・憲法に基づく権威や共和政府、国民代表への反抗の四点を煽動《せんどう》すること、②通りや公共の場で人民の主権・共和国・九三年憲法・国民代表への反抗を叫ぶこと、③タンプル牢獄に侵入したり、そこに囚われている囚人と連絡をとったりすること、の三点を犯罪とすると定めている。ちなみにタンプルは中世にパリ市中の要塞として造られた建物で、十八世紀には修道院になっていたが、革命期には牢獄として用いられ、

1795年5月20日、議場に乱入したサン＝キュロットは議員フェローを殺害した（プレリアルの蜂起）。絵はフェローの首が議長のボワシ・ダングラに差し出される場面。民衆は議会から何の譲歩も引き出せなかった

国王一家をはじめとして反革命派の要人が収容されていた。

続けて、なんらかの集会が司法官や軍の指揮官の解散命令に従わなかった場合、集会において第一条で禁止されている行為の煽動がなされた場合、集会が反乱集団に転化した場合など、様々なケースを想定して、それらに関する対策ないし取り締まり規定が示される。特に第九条では「職務に就いている人民代表の人身に暴力をふるう者は死刑に処せられる」、第十四条では「国民公会の討論の自由の侵害は、フランス人民の主権に対する犯罪である」と定められている。また第十八条では、あり得べからざる究極の事態の想定として、「王党派もしくはアナーキストのような人民の敵が、国民代表を攻撃・抑圧もしくは一時的に解散した場合」に採られるべき措置が詳しく規定されている。

この法令案は、ただちに審議されて若干の技術的修正を経た後、同じ三月二十一日に即座に採択された。シィエスの提案は、強力で高圧的ないかなる手段を用いてでも、国民公会＝国民代表の不可侵性と、その中道派路線を守ろうというテルミドール派の決意の表明だったのである。

パリの民衆・サン＝キュロットは「パンと九三年憲法」を求めて、一七九五年四月一日（ジェルミナル十二日）に国民公会に押し寄せ、議場に乱入した。しかし経験を積んだ活動家は革命政府下に抑圧され、消滅していたので、この日の民衆はただ議場で騒ぐのみで実効のある活動はできず、国民衛兵に排除された。これが「ジェルミナルの蜂起」と呼ばれる事件である。五月二十日（プレリアル一日）にも類似の事件が起き、議場で議員のフェローが殺害された。これが「プレリアルの蜂起」である（図参照）。結局は議会からなんの譲歩も得られないまま退散させられたのは、ジェルミナルの時と変わらない。五月の二十三日から二十四日にかけて厳しい捜査が行なわれ、武器をとって蜂起した者は銃殺刑に処せられた。「大警察法令」によって、サン＝キュロットは徹底的に抑圧され、封じ込められたのであって、次にパリの民衆が武器をとって立ち上がるのは、一八三〇年の七月革命になってからである。

なお、ネオ・ジャコバン派（旧山岳派）の議員六名は、プレリアルの蜂起の最中に民衆の要求に理解を示す発言をしたため、民衆が議場から退避すると即座に逮捕され、六月十七日に死刑を宣告された。彼らのうちの三名は自殺し、他の三名はギロチンで処刑された。これにより、ネオ・ジャコバン派は議会での影響力をほぼ完全に失った。死んだ六名は「プレリアルの殉教者」と呼ばれる。

三　オランダとの和約

オランダへの進出

対外戦争に目を向けると、フランスの北部方面軍は一七九五年一月十九日にアムステルダムに入り、同日、オランダ総督のオラニエ公はイギリスに亡命した。四日後の二十三日、オランダ北部の軍港デンヘルデルでフランス軍はオランダ艦隊を捕捉した。厳冬で港の海水が凍り、軍艦は身動きできなくなっていたので、フランスの軽騎兵隊が氷伝いに攻撃をかけたのである。一七八〇年代から活動していたオランダの革命派はフランスに亡命していたが、フランス軍とともにオランダに戻り、二月三日にアムステルダムで「人および市民の権利の宣言」を発表した。これがバタヴィア共和国の始まりである。

三月初めに公安委員会の委員となったシィエスは、メルラン・ド・ドゥエ、ルベルとともに外交を担当することになった。その公安委員会は、バタヴィア共和国をすぐには承認せず、シィエスなど外交担当の三人を和平交渉のためにオランダに送った。その結果が五月十六日のハーグ条約の調印であり、これはイギリスを仮想敵国とする相互防衛条約でもある。この条約によりフランスとオランダの和平が成立したが、オランダの革命派の情熱に水をかけるものでもあった。フランスはオランダに駐留軍を駐在させ、マーストリヒト、フェンロー、およびフランドルのゼランド地域を併合し、一億フロリンの賠償金を請求したのである。フランス軍は解放者としてオランダに入ったのだが、占領軍としての顔を見せることになったと言えよう。

それでもシィエスは五月二十三日の国民公会への報告で、この条約をフランスの外交的勝利として自賛している。彼が強調するのは、イギリスとの軍事・貿易における抗争である。すなわち、オランダとフランスは共通の敵に対する攻撃と防衛の同盟を誓ったこと、ブルージュとアントワープに関してフランスが奪い取った優位はイギリスにとっても脅威になること、オランダ最良の港ヴリシンゲンがオランダとフランスの共有になったのは海軍と貿易の双方に有利であることなどを強調し、「オランダとフランスの両共和国の結合は、イギリスの専制がじきに海洋の自由に席を譲るであろうことを世に示している」と述べている。自由や平等などの理念には触れず、実利一点張りなのが興味深い。なおハーグ条約の調印によって、オランダは正式にバタヴィア共和国となった。

自然的国境説

シィエスは、この報告とは別に、「自然的国境説」を支持する発言を何度かしているのだが、その点にも触れておこう。これは、フランスは国際条約などによって定められる人工的な国境ではなく、自然地理的な国境を持つ、ないしは持つべきだという考えである。

自然的国境説が想定する、フランスの地理的境界。北東側の国境がライン川まで拡げて考えられていた

六角形に近いフランスの北を地図の上にすると、向かって右側、すなわち東側から時計回りに、アルプス山脈、地中海、ピレネー山脈、ビスケー湾（大西洋）、英仏海峡がフランスの自然的国境となっている。しかし北東側には、それらに匹敵する自然的な境界が認められない。それでライン川をフランスの北東の国境と見做すべきであるとする考え、言い換えれば現在のベルギーとルクセンブルク、およびオランダ南部とドイツのラインラントファルツ地方をフランス領に併合すべきだという考えが、自然的国境説の含意となる。こうした発想がいつ頃に生じたのかは定かではないが、ルイ十四世（一六三八―一七一五）が対外戦争を起こす際には、自然的国境説も大義名分の一つになっている。一七九二年秋に対外戦争でフランスが巻き返しに転じると、一部の政治家が自然的国境説を論じ始めた。

従来の研究では、フランス革命期の対外戦争は当初はオーストリア・プロイセンの反革命的な干渉から祖国と革命を守るためのものであったのだが、テルミドール期から対外侵略の要素を持つようになり、自然的国境説はそれを正当化するためのイデオロギーとして再登場したと見做されてきた。確かにそのような要素があることは否定できないが、この見解には一定の留保ないしは注意が必要である。

フランスは革命中の一七九二年に王政を廃し、共和政に移行した。そして当時一般的だった共和政論においては、共和政は大国には適せず、大国での共和政は不可避的に専制に移行すると考えられていた。すでに述べたように、啓蒙思想家のモンテスキューも『法の精神』において、小国には共和政が適しているとした。また、中規模の国土の国には君主政が、大国には専制が適するとも指摘している。同時代の北アメリカでは、州ごとに憲法と議会・政府を持ちながら、それらの州が連邦を形成するアメリカ合衆国が成立しており、このやり方を採れば、州の数を増やし、国土を広げても共和政を維持できると考えられたが、フランスは連邦制を採用しなかった。そのため、テルミドール期には「共和政を健全に維持できる国土面積の限界はどの程度のものか」という問題が浮上したのである。

そして、この問題への直接の解答は見つからなかったが、どんなに広げても自然的国境の枠の中が共和国を維持できる限界だろうと考えられた。すなわち、テルミドール期の自然的国境説は、「国境を現在よりも北に設定し、国土を拡張する」というよりも、むしろ「どんなに進出しても、自然的国境を越えてまで国土を拡張はしない」という自主規制・自己抑制の原理として取り上げられたのだった。

これ以降、自然的国境の外側になる地域をフランスの影響下においても、フフンスはその地を併合せず、フランスからは形式的に独立した「姉妹共和国」を作るのである。バタヴィア共和国は、その第一号だった。この後、スイスにはヘルヴェティア共和国、イタリアにはリグリア共和国、チザルピナ共和国、ローマ共和国、パルテノピア共和国などが作られる。それらは、名目上はフランスと共和政の理念を共有する姉妹共和国だったが、ナポレオンが権力を握り、フランス本国自体が共和政から帝政に移行すると、王国に編成替えされたり、フランス帝国に併合されたりすることになる。

四　新憲法案の準備に向けて

革命政府の解消

すでに触れたように、国民公会は一七九三年六月二十四日に新生共和国の憲法を採択していた。通常、九三年憲法と呼ばれる。だがこの憲法は「政治の機動性」に乏しかった。例えば立法府は法律を提案するのみで制定はせず（第五十三条）、その法案は全国の市町村に送付される（第五十八条）。過半数の県において各県の第一次集会（各選挙区ごとの選挙集会）の十分の一が四十日以内に異議を申し立てない場合のみ、法律案は承認されて法律となるのであって（第五十九条）、異議が成立した場合には立法府はすべての第一次集会を招集することになる（第六十条）。

民主主義の原理からすれば、すべての法律は主権者たる人民の意思であるはずで、その点を各法律ごとに第一次集会を招集して確認するのは、原理的には正しく理想的な規定である。しかし議会での採択から最短でも四十日は待たなければ正式な法律とはならず、施行することができないのは能率的ではない。特に、政府が対外戦争と内乱の双方を抱えていて、絶えず臨機応変の措置を迫られている場合には、この規定が国にとって致命的となる危険もあるだろう。それ故に国民公会は、この憲法は平和の到来までは施行しないこととし、代わりに革命政府＝憲法に基づかない政府を組織することが同年十月十日に宣言されたのだった。

しかし九四年春になると、ヴァンデーの反乱に関しては共和国軍側が圧倒的な優位に立った。対外戦争でも、六月以降、北部のベルギー方面、東部のアルプス方面、南部のピレネー方面のすべてにおいてフランスが有利になった。つまり内外ともに、平和の到来が展望できる状況になってきた。言い換えると、革命政府を解体し、九三年憲法を施行する条件が整ってきたことになる。さらにテルミドール期に入ると、九四年十一月一日にはオッシュ将軍が西部方面軍司令官となって、ヴァンデーの反乱軍との和平条約に取り掛かり、九五年二月十七日にはラ・ジョネの和約が締結されて、ヴァンデーへの和平政策が始まった。ベルギーを越えてオランダに移った戦争は、すでに触れたように二月には実質的に終了したし、同じ二月の九日にはトスカナ大公がフランスとの和約に調印して、対仏同盟の解消が始まった。

四月五日にはプロイセンとの間でバーゼルの講和条約が調印され、同国はフランス共和国を承認した。第四章一節でも触れたように、一七八〇年代のヨーロッパの列強は、君主政国家によって維持される秩序の変更を許さず、革命運動には軍事力で介入し、抑圧していたのだから、君主政を廃止したフランス共和国をプロイセンが承認したのは画期的と言わなければならない。

すでに触れたように、テルミドールのクーデタの直後には誰も将来への明確な展望は持っておらず、それまで通りの革命政府の維持が想定されていた。単にロベスピエール派の名残を払拭するために、公安委員会を含む各委員会の委員を毎月改選することのみが決められた。しかし、その結果として山岳派以外の議員が公安委員会で優位を占める可能性が出てくると、国民公会の雰囲気が変化する。どの党派・グループも、自分たちがイニシアティブを取れるのであれば、その限りは革命政府を維持しようとしたのである。

例えば九四年八月十一日に第二グループ（＝テルミドール左派）のバレールが革命政府の維持を主張し、二週間ほど後の同月二十八日には第一グループ（＝テルミドール右派）のタリアンが同様の主張をした。これは、八月前半にはまだテルミドール左派が公安委員会の主流を占めていたが、同月末には、次の委員交代の際にテルミドール右派が主流になる展望が生まれたことを反映している。そして九月一日に実際に左派がまとまって委員会を抜け、右派がその後任になると、左派は革命政府の廃止と憲法の施行を要求するようになるのである。つまりこの頃には、憲法の扱いよりも革命政府を維持するか否かが、議員たちの関心の的だった。

九三年憲法の施行か新憲法か？

一七九五年春になるとさらに状況が変化する。この頃にはテルミドール左派は事実上消滅しており、党派対立は国民公会の主要な問題ではなくなっていた。代わって食糧危機からパリの民衆・サン＝キュロットに不穏な動きが出ており、二節で触れた四月一日のジェルミナルの蜂起では、彼らが「パンと九三年憲法」を要求したのである。国民公会はこの日、バレール、ヴァディエ、コロ＝デルボワ、ビヨ＝ヴァレンヌの「四人組」を裁判なしに南米のギアナに流刑にすることを決めて、左右の党派対立に最終的な決着をつけるとともに、組織法を準備するための七人委員会の設置を決めた。

組織法とは、語義から言えば「国家権力の組織を定める法」であり、憲法も組織法の一つと見做されるのだが、特に憲法と区別して組織法と言う場合には「憲法の施行細則」と解釈される（ただし「施行細則のみに限る」と明確に規定されているわけではなく、また九三年憲法を施行するのに組織法が必要かどうかについても議員の意見は一致していない）。七人委員会の実態は明らかでないのだが、シィエスはカンバセレスとともに、この委員会のメンバーとして記録されている。ただしこうした国民公会の動きは、憲法の施行に本気で取り組もうとしたからではない。逆に「憲法施行には組織法をまず制定する必要があるが、それには時間がかかる」という口実で、サン゠キュロットが要求する憲法施行の引き延ばしを図ったのである。いずれにせよ、施行すべきは九三年憲法だったのであって、新憲法の制定は人々の意識にはなかった。シィエス自身も三月二十四日の議会で、「一七九三年の憲法は、人民によって受け入れられたが故に尊重すべきもので、批判されるべきではない」と発言している。

七人委員会は、メンバーのカンバセレスの要求に基づいて四月二十三日に十一人委員会に改組されるが、シィエスは留任している。ところが五月四日にこの委員会の委員は政府委員会とは兼務できないと定められたので、公安委員会の委員だったシィエスは、カンバセレス、メルラン・ド・ドゥエとともに、公安委員会の方を選んで十一人委員会を去った。恐らく、十一人委員会は九三年憲法の施行を前提として、その施行細則を討議するだけであり、それも真剣に討議するよりは憲法の施行を遅らせるための時間稼ぎの方が主目的なのだから、やりがいのない雑務であり、それに比べれば公安委員会で外交を担当する方がずっと意義があると、シィエスは考えたのであろう。実際、十一人委員会を辞して五日後の五月九日にシィエスはハーグに到着し、オランダとの和平交渉に臨んでいる。

だが五月二十日にプレリアルの蜂起が起こり、パリのサン゠キュロットが再び「パンと九三年憲法」を要求すると十一人委員会の流れが変わった。一方では民衆が二度にわたって議会に乱入し、二度目には自分たちの同僚の議員が議場で殺されるという事態に、議員たちは深刻なショックを受けた。だが同時に、この蜂起を弾圧して民衆を抑え込むのに成功したので、これ以上は革命政府の維持に腐心する必要がなくなった。言い換えれば、本気で憲法の施行を考えていい状況になったのである。

それら両方の理由から、改めて革命後の国家機関のあり方が問われ、九三年憲法の規定で構わないのか否かを見直すことにもなった。十一人委員会は活動的になり、その後一カ月ほどで原案をまとめて、六月二十三日に国民公会に報告することになる。しかもその原案は、九三年憲法の施行細則や部分的修正ではなく、新たな憲法の草案だった。シィエスは「憲法作成の専門家」を自任していたのだが、新憲法の作成に関わる機会を自分から逃してしまったのである。

五　九五年（共和暦三年）憲法

九五年憲法の基本原理

一七九五年六月二十三日にボワシ・ダングラによって国民公会に報告された憲法草案は、審議を経て、八月二十二日に九五年憲法として採択された。審議の間に若干の修正が加えられたが、その過程の細かい検討は省略し、完成した憲法についてその特徴を考察したい。

まず九五年憲法が定めた政治組織のごく基本的な形を確認しておこう。立法権を担う議員は普通選挙によるが、第一次集会と選挙会の二段階選挙によって選出される。第一次集会は市民四百五十名から九百名ごとに一つの割合で開催され、すべての市民がこれに参加し得るが、ここで選出するのは選挙人である。選ばれた選挙人が県ごとに選挙会を開いて、議員を選出するのである。

立法府議員の定数は七百五十名であり、毎年三分の一ずつ改選される。立法府は元老院（定員二百五十名）と五百人会（定員五百名）に分かれるが、一回の選挙で選ばれた当選者が、選挙後にどちらかに振り分けられる（ただし元老院議員は四十歳以上で既婚者でなければならないので、四十歳未満もしくは未婚の当選者は必然的に五百人会議員となる）。

五百人会は様々な政治問題を討論し、法案を作成・提案する。元老院は五百人会から提出された法案を、審議なしに可決ないし否決する。元老院と五百人会の議員は相異なる選挙母体から選出されるのではないから、立法府は厳密な意味での二院制ではない。むしろ立法府としては単一であり、その中で法案の審議と採決が分けて行なわれる、一種の分業体制と見做すべきである。それによって、「人民全体の単一の意思が単一の立法府で表明される」という建前を守りながらも、議会が一部の議員や党派に煽動されて暴走する危険を避けようとしたのである。

執行権は、定員五名（四十歳以上）の総裁政府が担う。五百人会が五十名の総裁候補のリストを作り、その中から元老院が五名の総裁を任命する。毎年一名ずつ交代するが、その際の新総裁も立法府が選出するのである。総裁政府は大臣を任命および罷免するが、その人数と権限は立法府が定める。執行府は人事面において立法府に従属していると言えるだろう。総裁政府は合議によって法の執行全体の監視・監督にあたり、大臣は相互に相談することはなく、各自がそれぞれ単独で、自分が担当する分野の法の執行にあたるのである。以上が、九五年憲法のもとでの基本的な政治制度の仕組みである。

全体で三百七十七条（冒頭に掲げられた「人および市民の権利と義務の宣言」を含めれば四百九条）からなる憲法に関する問題を、三点に絞って検討しよう。すなわち、第一は「憲法の基本原理において、九五年憲法は九三年憲法と異なっていたか」、第二は「九五年憲法の新しさはどの点にあるのか」、そして第三は「九三年憲法に付随する組織法という名のもとで、憲法の実質的な改正を図ることもできたのに、なぜ国民公会は敢えて新憲法の制定に踏み切ったのか」という点である。なお、「総裁政府期の政治的混乱、とりわけ毎年のように起こるクーデタは、憲法の不備に起因する」という説が唱えられたこともあるが、「クーデタ」と呼ばれている事件の実態を検証してみればわかるように、これらは（最後の共和暦八年ブリュメール十八日のものを除けば）言葉の真の意味でのクーデタではなく、その原因も憲法の規定とはまったく無関係である。

総裁政府期の「クーデタ」と呼ばれる事件（本書で扱う箇所）

1797年 9 月	フリュクチドール18日の「クーデタ」（第6章2節）
1798年 5 月	フロレアル22日の「クーデタ」（第6章3節）
1799年 6 月	プレリアル30日の「クーデタ」（第6章4節）
1799年11月	ブリュメール18日のクーデタ（第6章5節）

国民主権と人民主権は区別されたか

まず第一の問題だが、従来の憲法学においては、フランスの憲法学者レィモン・カレ・ド・マルベール（一八六一—一九三五）の学説に基づいて、国民主権と人民主権を対比的に捉えていた。

実在の被統治者の総体である人民が同時に主権者でもあり、その意思が政治的決定に反映されなければならないとするのが、人民主権の原理である。人民自身が集会を開いて、そこですべての決定をなす直接民主政が人民主権の原理にもっとも適う政体である。そしてそれが不可能ならば、①選挙権が権利と認められている普通選挙制、②主要な政治的決定に関してできるだけ頻繁に行なわれる国民投票、③命令的委任（選挙の際に選挙民が議員に対し、議会で採るべき政治的態度を指示しておく制度）などによってそれに代えるのが人民主権とされる。

それに対して「国民」は、シィエスが考えるように、抽象的な一種の理念であって実在するものではなく、従って国民自身が直接にその意思を表明することはあり得ない。そのため国民主権の原理においては、①選挙は権利というよりは職務・機能であり、制限選挙制も許容される、②代表制をとる（選挙によって代表を選ぶ場合、当選者のみならず選挙人自身もが、抽象的な国民に代わる一種の代表である）、③代表が示す意思がアプリオリに国民の意思と推定される、ということになる。そしてフランス革命期においては、一七九一年の憲法と九五年憲法は国民主権原理を採用し、九三年憲法は人民主権を採用していたとされた。

「人民主権は社会の下層民の政治参加を必然的に認める原理であり、国民主権は逆に下層民を排除することを可能にする原理である」という想定が、両原理を区別する前提になっている。言い換えると、カレ・ド・マルベールに従うならば、革命期のフランスは一七九一年にはブルジョワ的な憲法を採用したが、九三年に山岳派が権力を握ると民衆の政治参加を認める憲法を作り、テルミドールのクーデタの後の九五年には再び元のブルジョワ的な路線に復帰したことになる。

確かに、すでに触れたように、九三年憲法のもとでは議会が採択する法案は第一次集会のチェックを受け、承認されて初めて法律となった。「法律とは人民の意思である」という人民主権の原理を実体化しようとしたことは確かであるが、だからといって九三年の国民公会議員が二つの主権原理を明確に区別して認識し、自分たちは九一年憲法とは明白に異なる主権原理をとるのだとはっきり意識していたかというと定かではない。九三年憲法の冒頭に掲げられた「人および市民の権利の宣言」は、第二十三条では「社会的保障は……国民主権に基礎を置く」と述べるが、第二十五条では「主権は人民に属する」と規定しており、憲法本文の第七条では「主権者人民は、フランス市民の総体である」としている。国民公会議員が「国民」「人民」「市民」を理論的に区別して、意図的に使い分けていたとは思われないのである。

二年前の九一年憲法は、議会が制定する法令に対する国王の拒否権を認めた。すなわち国王も立法に参与できる点で、国民の代表と見做されることになったのである。国王は人民＝被統治者の一員ではあり得ないから、国王を含む国民は、否応なく人民とは区別される、抽象的な存在と考えざるを得なくなる。すなわち人民主権とは理論的に区別される国民主権の原理を想定し、採用せざるを得なくなったのである。しかし一七九二年九月に君主政が廃止されてしまえば、「国民」と「人民」を敢えて区別する必然性はなくなる。国民公会が両者の相違に無頓着になるのは、ある意味で必然的なのである。そして、もし「国民主権」と「人民主権」を敢えて区別し、後者を前者と分かつ点は普通選挙制・命令的委任・国民投票制であるとするなら、九三年憲法と九五年憲法はともに普通選挙制を採用し、他の二つを排除していた。

また、九三年憲法において「フランス市民の権利の行使を認められる」のは原則として「フランスに生まれ、かつ居住する二十一歳以上のすべての男性」であり（第四条）、九五年憲法においては第八条で「フランスに生まれかつ居住し、二十一歳以上で、その郡の市民簿に登録され、一年間継続して共和国の領土に住み、かつ地租たると住民税たるとを問わず直接税を支払うすべての男性が、フランス市民である」と規定されている。すなわち両憲法における市民の規定で実質的に異なるのは、九五年憲法は直接国税の納入を求めていることだけなのである。

しかも、九一年憲法における能動的市民には、第二章五節で述べたように、「三日分の労賃に等しい額の直接税」という条件が付けられていたが、九五年憲法は最低額を決めてはいない。これでは、市民の条件を一定額以上の収入もしくは財産の持ち主に限定したと見做すのは無理があるだろう。むしろ、納税をもって「国家の活動に参与する用意があるという意思の表明と見做す」という理念的な意味合いの方が強いと考えるべきではないだろうか。

「古典的共和主義」の原理

以上の点からして、九三年憲法と九五年憲法は主権の原理においては実質的に共通していると結論できる。これら二つの憲法を、カレ・ド・マルベールが考えたように、主権原理において根本的に対立するものと捉えるのは無理があるだろう。両者は主権原理においては基本的には変化がなかったのである。九五年に、法案の第一次集会による批准が排除されたのは、単に実用的でないからであって、主権原理と相容れないからではない。ちなみに、女性を市民から排除することがアプリオリに自明なこととして認められている点でも、両憲法は共通している。

主権とは、端的に言えば国家の意思を決める権利である。人民主権とは人民の意思が国家の意思と見做される原理であり、その意思は法律として表現される。古代ギリシアのアテネのような都市国家でなら、その都市の中心となる広場に集まった市民が討論するとともに、その法律を執行する役員をその場で選出し、執行を監視することができる。このように立法機関と執行機関が実質的に同一であれば、両機関の矛盾や対立が生じる余地はないだろう。しかし近代の国家においては、人民は自分たち自身で立法や執行を行なうことは物理的に不可能だから、代表＝議員を選出して彼らに立法府を委ね、またそれとは別の人を所定の手続きに従って選んで執行府を委ねることになる。

この場合には立法府と執行府が対立する可能性が生じるが、人民主権のもとでは、あくまで人民の意思を表現する立法府とその意思である法律が常に優先され、執行府は独自の意思をもつことなく、法律の執行のみに専念することと、立法権には介入しないことが求められる。これが基本的には古典古代に範をとった、「古典的共和主義」と呼ばれる政治形態であり、啓蒙思想家のルソーが『社会契約論』で描いたのも、まさにこの古典的共和主義だった。

そして九三年憲法は、その第六十五条において「執行評議会は、一般行政の指揮・監督の任務を負う。それは立法府の制定した法律およびデクレの執行についてのみ活動する」とし、九五年憲法は第百四十七条で「総裁政府は、その任命した委員によって、行政府または裁判所における法律の執行を監督し、確保する」と規定して、執行府の任務は法律の執行であることを明らかにしている。基本的には、両憲法はともに立法権の優越と、執行権の立法権への従属を規定していると言ってよい。国民公会は、九三年にも九五年にも一貫して、『社会契約論』の教えに忠実だったのである。ルソーの遺骸が、テルミドール期の一七九四年十月十一日に、祖国の偉人を祀《まつ》る墓所であるパリのパンテオンに納められることになるのも、故なしとしない。

執行府について見ると、九五年憲法での総裁政府にあたるのは、九三年憲法では二十四名からなる執行評議会であるが、このメンバーは立法府によって任命される。また執行評議会は、九五年憲法での大臣にあたる長官を任命するが、その人数と職務は立法府が定める。大きく異なるのは執行府の構成員の人数だけなのであり、執行府の構成に関しても二つの憲法の規定はほぼ重なり合うと言ってよい。

ただし、主権に関する原理だけから両憲法の類似性を考えると、実質的な判断を誤ることになりかねない。九三年憲法においては、主権者人民からなる第一次集会が議員を直接に選出することが規定されていたが、九五年憲法においては第一次集会が選出するのは選挙人である。選ばれた選挙人が選挙会で議員を選出するのであるが、選挙人には二十五歳以上の男子であることに加えて、地域に応じて百五十日分から二百日分の労賃に等しい額の財産の所有者もしくは用益権者、ないしはそれに準じる者であることが求められる（第三十五条）。すなわち、形式上の参政権者が誰であれ、実質的には一定以上の裕福さを持たなければ議員に選出される可能性はなかったのである。

ボワシ・ダングラは、十一人委員会の憲法草案を議会に提出する際の演説で、「我々は最良の人々によって治められなければならない。最良の人々とは、もっともよく教育され、法の維持にもっとも関心がある人である。そのような人は、ごく少数の例外を除き、財産を持つことによって、彼を育む国、彼を守る法律、彼を支える安寧に関心を持つのである。……所有者によって統治される国は社会秩序のうちにあり、非所有者が統治する国は自然状態にある」と述べていた。九五年憲法は、主権原理においては九三年憲法と重なる面を持ち、基本的には同じ古典的共和主義の原理に拠って立ちながらも、選挙人の規定に「最良の人々による統治」を確保する仕組みを潜り込ませたのだった。

九五年憲法の新しさ——執行権の強化

第二の問題に移るが、もし九五年憲法が原理的には九三年憲法とあまり違わないとすると、前者の新しさとは何だろうか。この点を論じるには、ここまでの記述に多少修正を加えなければならず、古典的共和主義の修正もしくはそこからの脱却を取り上げる必要が生じる。とはいえ、古典的共和主義の原理をそのままでは適用できなくなる兆しは、九三年憲法にすでに現れていた。

九三年憲法は、「第十三章、執行評議会」に含まれる第七十条で、「執行評議会は条約について交渉する」と規定している。これは何を意味するだろうか。一七九二年春に対外戦争が始まると否応なしに、同盟条約や和平条約に向けた対外交渉が必要になってきた。そこにおいては、駆け引きや作戦、公表すべき点と秘密にすべき点の区別と使い分けなどが必要になるから、議会で大っぴらに討論するには適さず、少人数で小回りがきく組織に委ねなければ成功は覚束《おぼつか》ない。それで九三年憲法には、執行評議会が果たすべき職務の中にただの一条だけ、たった一行だけの条文として、「議会が決めた法律の執行」とは認められない条約交渉を紛れ込ませたのだった。

九五年憲法では、「対外関係」はそれだけで独立して第十二編をなしている。そこにおいては「第三百二十六条：戦争は、総裁政府の正式かつ必要な提案に基づき、立法府の命令によってのみ決定される」、「第三百二十八条：フランス共和国に対する切迫した、もしくは始まった敵対行為、威嚇または戦争の準備の場合において、総裁政府は、国の防衛のために、その意のままになるよう委ねられている手段を用いる義務があり、そのことはただちに、立法府に通知しなければならない」、「第三百二十九条：総裁政府だけが、外国との政治関係を維持し、交渉を指導し、適当と思うように陸海軍を配置し、戦争の場合にその指揮を規律することができる」、「第三百三十条：総裁政府は、休戦、局外中立宣言のような予備条約を締結する権能を与えられる。総裁政府は同じく、秘密協定を締結することができる」、「第三百三十一条：総裁政府は、すべての講和条約、同盟条約、休戦条約、中立条約、通商条約、および国の福祉のために必要と思う他の協定を、外国と締結し、調印し、または調印させる」（以下省略）とされていて、対外関係においては執行府である総裁政府が大幅な裁量権を持ち、イニシアティブを取ることが規定されている。

すなわち九五年憲法においては、執行府は単に立法府に従属して立法府が作成する法律の執行のみにあたるのではなく、独自の意思と判断で外交を行なうことが認められたのである。言い換えると九五年憲法は、基本的には古典的共和主義の原理を守りながらも、そこから踏み出し、執行府もまた、外交に関しては、一種の国民代表として独自の意思を示すことを容認する方向に一歩進んだのである。そして、執行府の一定の自立はシィエスが目指した方向にも合致していた。

抵抗権の否定

もう一つの新しさ、ないしは九三年憲法との相違は、人民の抵抗権もしくは蜂起権の否定である。九三年憲法の冒頭に付された「人および市民の権利の宣言」は、第三十三条において「圧制に対する抵抗は、他の人権の帰結である」、第三十五条において「政府が人民の諸権利を侵害する時、蜂起は、人民および人民の部分にとってもっとも神聖な権利であり、もっとも不可欠な義務である」と規定していた。この規定は九五年憲法の「人および市民の権利と義務の宣言」からはそっくり消えている。それどころか、「義務の宣言」の部分の第六条には「法律を公然と侵害する人々は、自分が社会と戦争状態にあることを宣言するものである」と規定されている。「法律の公然たる侵害」が蜂起や反乱のみを指すわけではないだろうが、それらを含むことは確かである。また「権利の宣言」の第十八条「いかなる個人も、市民のいかなる部分的な結合も、主権を我がものとすることはできない」という規定も、同じ方向の趣旨として読むことができるだろう。

憲法の本文においてはさらに明瞭に、第三百六十五条で「武装した騒擾《そうじよう》はすべて、憲法に対する犯罪である。武装した騒擾は、即座に、武力によって一掃されねばならない」、第三百六十六条で「武装しない騒擾はすべて、まず口頭での命令により、そして必要ある場合には軍隊の使用によって、同じく一掃されねばならない」と規定している。これらの条文は、九五年四月一日のジェルミナルの蜂起、五月二十日のプレリアルの蜂起という二つの事件、とりわけ二度目の蜂起における議員殺害が、国民公会の議員たちにとって、いかほどの衝撃だったかを物語っている。彼らは、人民の蜂起権を認めた九三年憲法の人権宣言は破棄せねばならないこと、民衆の蜂起・

反乱から国家機関を守るための措置を憲法で規定しておかねばならないことを悟ったのである。

そしてこれらの蜂起権に関する規定の変化がそのまま第三の問題、すなわち国民公会はなぜ、組織法による九三年憲法の実質的修正ではなく、新憲法の制定に踏み切らねばならなかったのかという問いへの答えとなる。第一に、憲法は国制を定めるものだが、人権宣言はその憲法の基本理念を示すものである。その人権宣言を一部修正するのであるから、組織法による部分的修正では済ませられないと考えられる。第二に、議会に乱入した民衆の要求である九三年憲法の施行をそのまま認めてしまうと、たとえ組織法によって実質的な修正を加えていたとしても、民衆に譲歩ないし屈服したという印象を与えかねず、また民衆の蜂起権は存続していると誤解される危惧もある。

第三に、もっとも重要な問題として、組織法は憲法ではなく、通常の法令の一つに過ぎないという点が挙げられる。仮に国民公会が組織法によって九三年憲法の人権宣言を実質的に修正したとしても、後の議会がこれを元に戻そうとしたら、通常の法律改正の手続きで簡単にできてしまうのである。もちろん、新憲法にすれば絶対に改正できないというわけではない。しかし憲法改正には国民公会のように憲法制定権力を担う特別な議会を召集しなければならず、その分だけ手続きは困難になる。つまりは、十一人委員会の行なった修正が永続化する可能性は高まるのである。

六　憲法審査院制度

憲法草案をめぐる審議もかなり進んだ一七九五年七月二十日（共和暦三年テルミドール二日）になって、シィエスは初めてこの問題に関して議会で発言した。その内容は、もし正面から受け止めるならば、草案を白紙に戻してゼロから再検討しなければならなくなるようなものだった。彼の発言は政体の原理原則に直接かかわるものであり、この後の総裁政府期における彼の政治活動、とりわけ共和暦八年ブリュメール十八日（一七九九年十一月九日）のクーデタとその後の憲法作成における彼の役割にもかかわってくるので、注目に値する。

上昇過程と下降過程

シィエスによれば、代表制における政治行動は二つの面に分けられる。第一次集会における国民を出発点とし、人民が直接・間接に代表を選ぶ「上昇過程」と、代表が法の作成や適用のために行動し、法の恩恵を受ける人民がその到達点となる「下降過程」である。そして「国民」ないし「人民」は出発点と到達点にのみ存在するだけで、実際の政治活動のプロセスはすべて代表によってなされる。

「代表制とは、人民が自分で行なえる政治的行為は自分で行ない、自分自身では行なえない行為を代表に委ねる制度である」と捉える考え方があるが、シィエスによればそれは間違いである。そのことを説明するのに、シィエスはボルドーに手紙を出すことを例に挙げる。もしパリからボルドーに出す手紙を自分自身で持参したいと思えば、人は誰でも手紙を持ってボルドーまで旅することができる。しかしそのようなことはせずに、手紙の配達は郵便制度に任せ、自分はパリで自分が本来なすべき仕事に励んだ方が、自分にとっても好都合だし、社会全体としても効率がよくなる。分業と協業の組み合わせが網の目のように張り巡らされた社会においては、各自は自分が果たすべき職務に専念し、それ以外の用件はそれを職務とする者を自分の代表者として、彼に委ねるべきなのである。できるだけ多くのものをそれぞれの代表に委ねることが、各人の自由を増大させるのであり、代表制こそが人々の繁栄と自由を、我々が享受し得る最大限にまで拡張する。シィエスは、革命前にアダム・スミスから学んだ分業論を、政治における代表制にまで拡張して考えているのである。

そしてこれは古典的共和主義の、ほぼ全面的な克服である。古典的共和主義においては、人民は政治の実質的な中心であり、直接民主政こそがその理想的な政治制度とされていた。それに対してシィエスの提言は、国民ないし人民を「政治の前提」と「政治の帰結」として政治の前と後に移してしまい、政治そのものは代表のみが関わるべきものとするのである。

それでは代表制は具体的にどのように構成・組織されるべきなのだろうか。まず第一に、政治権力を立法権・執行権のようにいくつかに分けて、複数の権力を考えるのは誤りであって、国民が持つ政治権力は単一である。ただ一つの権力が代表にまとめて委ねられるのであり、代表のある部分は立法、ある部分は執行という「機能」を分担するのだが、また各「機能」をいくつかの部分が補完し合うこともある。第二に、代表とは選挙で選ばれた人の総体であって、個々の議員が個別に国民代表なのではない。第三に、各市民は自身に帰属するもののうちで、公共の秩序や安全の維持に必要な部分のみを代表に委ねる。言い換えれば、市民全体から委ねられる権力＝主権は、市民が持つ権利のすべてではないのである。

ルソーは『社会契約論』で「全面譲渡」を説いていた。それによれば、人間は自然状態においては、自らの命や財産を自分のものとして守る自然的な権利を持っているが、社会契約を結んで社会と国家を創出する際には、一旦それらをすべて国家に差し出し、国家から改めて「国から認められた権利」として、同じものを受け取る。言い換えれば、ルソーが考える国家には、個々の市民の生存権すら委ねられており、国家権力が必要と認めれば、各人の命も権利もすべて、国家は制限や廃止ができるのだった。ただしルソーの本意は基本的人権を否定することだったわけではない。国家権力は全能だからこそ、人民自身の意思が法に反映する立法制度を確保することが重要になるのである。

それに対してシィエスは、彼自身の言い回しを用いるなら、「レピュブリック（「共和政」と訳されるが、語源的には「公共事」、「公共善」を意味する）はレトタル（シィエスの造語だが、直訳すれば「全体事」）ではない」と考える。文字通りにすべてが国家に委ねられているのではなく、国家が制約し得るのは公共のために必要な部分のみである。各人の私的領域はその人自身のものなのであって、国家からは切り離されている。彼は、ルソーの全面譲渡論が革命政府期の大混乱の遠因だと考えていた。

「統一ある分割」とは

こうした原則を踏まえてシィエスは、十一人委員会案では政府と立法権および執行権の関係が混乱していて、これでは社会秩序の維持は危ういと批判する。彼によれば、「政治の構成において、統一のみでは専制で、分割のみではアナーキー」であり、「統一ある分割こそが自由の社会的保障になる」のである。彼がまず批判し、排除するのは「権力均衡のシステム」、すなわち同じ機能を複数の機関に与えて釣り合いをとらせようとするシステムで、具体的にはイギリスの二院制である。庶民院と貴族院の双方が立法という同一の機能を委ねられると、両者が対立した時には王権の介入を招くし、多数派の決定が少数派の拒否権でひっくり返されることもあり得る。

シィエスは、「権力均衡のシステムは一台の馬車の前と後に一頭ずつ馬をつけ、その両方に鞭を当てて、反対方向に馬車を走らせようとするようなものだ」と批判する。これは「単一の行動（action unique）」と呼ぶべき誤りであって、求めねばならないのは「行動の統一（unité d' action)」なのである。後者は、建築現場における各職人の仕事のようなもので、一人一人の行動は異なっていても、その全体は建物の完成という目的に向かって統一されている。シィエスは、憲法草案が立法府を「提案」と「決定」という機能で分割したこと、執行府内部を総裁政府と大臣に分けたことを、「権力均衡のシステム」と対比して評価するが、さらなる「全体性と調和」が必要だとする。

彼の基本的な構想は、「思考」を担当する政府が政治機構全体の頂点に立ち、一方ではあるべき社会を構想して、その形成と維持に必要な法を提案するとともに、他方では法の執行にあたる大臣や官僚を任命し、監督して、法の執行にあたらせるというものである。すなわち、政府が立法と執行ないし行政の双方の「機能」に関与する点で、自ら提案する「統一ある分割」のあり方を示している。十一人委員会が提案する総裁政府は、外交問題に関しては独自の裁量権をある程度は持つものの、議会への法案提出権を持たない点で、シィエスが構想する政府とは似て非なるものなのである。

シィエスが具体的に提案するのは、いずれも国民代表と見做される四つの機関である。第一は護民院（tribunat）で、県の数の九倍の人数の構成員からなり、立法院に法を提案する。また政府が立法院を侵蝕しそうな場合には政府を牽制する。第二は政府（gouvernement）で、七名からなり、会合は非公開である。人民の必要と法の執行に関する必要の双方に目を配りつつ、①立法院への法案の提出、②法の執行に必要な布告の作成、③執行役員の任命にあたる。政府は「思考」であり、執行役員は「行動」である。第三は立法院（législature）で、県の数の九倍の議員からなり、護民院と政府から提出された法案の審議と採択を担当する。最後が憲法審査院（jury constitutionnaire）で、立法院議員の二十分の三の審査員からなり、立法院が作成した法律が憲法違反だという不満が寄せられた際に審査にあたる。憲法の保持者・憲法の番人である。

シィエスの提案が十一人委員会案とは異なることは確かだが、結局のところ、彼の演説はわかりづらかった。その上、憲法草案についての審議はすでにかなり進んでおり、彼が提案する護民院および政府と、憲法草案にある五百人会および総裁政府との相違も、あまり明白ではなかった。結局、彼の提案は事実上無視されることになった。

憲法審査院を提案する

シィエス自身は、自分の提案の独自性・斬新性は憲法審査院制度にあると考えていたので、この点のみに焦点を絞って、一七九五年八月五日（共和暦三年テルミドール十八日）に再び議場で発言した。彼の演説と彼が提案した法案の双方を要約すると、憲法審査院は百八名の審査員からなり、毎年三分の一ずつ交代する。新任の審査員は立法院議員の選挙と同時期に、その年に辞任する議員の中から、留任する審査員によって任命される。

憲法審査院の任務は三点ある。第一が違憲審査である。普通の個人が憲法に違反する行為をした場合には通常の裁判でも裁き得るが、政治に関与する個人や機関の行為は無答責の場合があり、その際には通常の裁判の対象にはならない。それを取り上げるのが憲法審査院で、具体的には、元老院・五百人会・選挙会・第一次集会・破棄院がなした行為に関して、元老院・五百人会・個人から違憲の訴えがあった場合に、憲法審査院が審判を行なう（法案第六条）。

第二は憲法改正の提言である。憲法審査院は常に憲法と人権宣言をチェックし、時代の変化などのために改正が必要と思われる事項を台帳に記載しておいて、十年ごとに「提言条項」をまとめ、元老院・五百人会に提出する。その提言は全国の第一次集会に送付されて検討される。もし第一次集会の過半数が提言に賛成した場合には、元老院に憲法制定権力が付与され、「提言条項」に記載された懸案が記載通りに改正されるのである（同第十一―十三条）。

第三の任務は自然法に基づく裁判である。毎年、審査員の十分の一が「自然的公正さの審査」を担当し、通常の裁判所から「裁判に適用すべき成文法が存在しない」、「成文法を適用すると裁判官の良心に反する判決を下さざるを得ない」の理由で送付されてくる裁判案件に関して、自然法に基づく判決を布告として示す（同第十四―十六条）。

このシィエスの提案に、国民公会は否定的な反応を示した。一つには、当時は憲法は規範というよりも理念ないし目標と意識されていたので、「憲法違反をチェックし、取り締まる」という発想そのものが違和感を与えたことがある。また、憲法審査院の三つの任務はいずれも、立法院による通常の立法措置によって十分にカバーできるのだから、憲法審査院は無用であるとも思われた。さらに第一の任務に関しては、立法院が行なう無答責の活動としては立法自体が挙げられるが、もし誰かがある法律を違憲だと訴えれば憲法審査院が介入できるのは、立法権が脅かされて、逆に危険ではないかという危惧も生じた。第三の任務についても同様で、自然法は客観的で認知可能なものではなく、そのように曖昧で恣意的に解釈できる基準に基づく裁判は危険視された。結局シィエスの提案は、七月二十日のものと同様、国民公会では承認されなかった。

シィエス案の先見性

だからといって、それをただのささやかなエピソードとして葬り去ってはならない。シィエスが唱えた「統一ある分割」に基づく具体的な政治モデルは、議員たちにとっては明瞭でも説得的なものでもなかったことは確かである。だが憲法審査院の提案に関して見れば、十九世紀以降になると、憲法を守るべき規範として、それも、すべての法の位階的構造の最上位に立つ規範で、すべての法律・政治組織・政治活動の正当性の基礎になるものと見る見方が主流となる。それとともに、違憲行為・違憲状態をいかにチェックし、いかに取り締まるか、取り締まる機関の行き過ぎはどのようにチェックするのかが問題とされ、議論の対象になる。

また古典的共和主義の理念からすれば人民の意思が法律となり、自分の意思に従うのが自由なのだから、共和政においては法に従うのが自由である。すなわちルソーの『社会契約論』での言葉に従えば「自由を望まない者は、自由であることを強制される」、つまり自由（＝法への服従）を拒む者にでも法は強制的に適用されることになるのである。ルソーは暗黙の裡に、古典古代の都市国家のような比較的に均質な社会を想定していたから、熟議をすればおのずから人々の意見は一つの結論に収斂《しゅうれん》する、すなわち法＝人民の意思はそのまま各個人の意思でもあると想定することができた。しかし分業が進展し、人々の利害や関心が複雑に多様化した近代社会では、ルソーの想定は成り立たないだろう。むしろ多数決で敗れた少数派の意見表明の自由、より一般的には少数派の基本的人権をいかに確保するかが新たな問題として浮かび上がり、その検討が「近代的共和主義」の課題になる。こうした問題は十九世紀以降に論じられることになるのだが、シィエスの提言はそれを先取りしていたのである。

それにしても、国民公会が基本的にルソー的な古典的共和主義にとらわれている時に、なぜシィエスはそれを脱却する構想を持ち得たのだろうか。理由は様々だろうが、革命前にフィジオクラシーの思想に親しんでいたことも、その一つに挙げられるだろう。テルミドール二日の演説で、彼は「何事も恣意的に為してはならない。なぜなら、道徳と社会の本来の姿（＝自然）は、物理的な自然におけると同様、恣意的なものを含まないからだ」、「立法府と司法府が異なる本質のものだと考えてはならない。どちらも同様に、より上位の権威に従って決定がなされるのである。司法は成文法の法典に従い、立法は古典と、より完全なものとしては自然法に従う。なぜなら恣意的な物事はないからである」と述べている。これはフィジオクラシーの理念、すなわち社会にも自然と同様に規範的法則＝自然法があり、立法とは自然法を知ってそれを法文化する作業だという考えを示している。

ルソーが考えるように立法が人民の意思の表明であるなら、どの機関がどのような手続きで表明した意思が人民自身のものと見做し得るかが重要な問題となり、立法権の独立も必要になるだろう。しかし立法が自然法の認識であるなら、複数の機関がそれぞれの立場から知恵を出し合えばいいことになる。その代わり、成立した法が必ず自然法に合致しているという保証はないのだから、憲法制定後にも、それがあるべき姿から外れていないかをチェックしたり、成文法では不十分な問題に関して自然法に基づく裁判をしたりする権能を果たす機関として、憲法審査院が要請されることになるのである。

「革命後」への展望

それと並んで、一七九五年という時期が持つ意味も考えねばならない。ここで改めてフランス革命の開始を振り返ってみると、一七八九年の一月に出版された『第三身分とは何か』は、単に憲法がまだ存在していないのみならず、国民が憲法制定に取り組むべき組織・機関や手続きもまったく決められていない状況を前提に議論を組み立てていた。その一〇九頁でシィエスは「（国民の）意思の行使は、いかなる社会的形式にも縛られず自由である。ほかならぬ自然秩序にあるのだから、その意思が十全の力を発揮するには、意思の自然のままの性質を持ちさえすればよい。いかなる仕方で望もうとも、国民が望みさえすれば十分である。どんな形式でもよい。その意思は、常に最高の法律である」と述べている。こうした断定の前提として、「国民は、自然法によるだけで成立する」(一〇七頁)、「国民は、憲法に拘束されえない」(一〇八頁。以上、傍点は原文)という命題が示されていた。

そして一七八九年五月に開催された全国三部会の第三身分議員は、このシィエスの言葉に従うかのように、開会式の翌日には「庶民院」を、さらに六月十七日には「国民議会」を名乗り、国王の再三の指示に逆らい、七月九日には「憲法制定国民議会」を名乗ることになる。そして、同月十四日のバスティーユ事件で国王が武力による弾圧を一時的に断念すると、八月には「封建制廃止宣言」や「人および市民の権利の宣言」によって、新たな憲法の制定への道へと踏み出す。すなわち革命を始めるには、国民自身が直接に憲法制定権力を行使しなければならないのである。

ところが、一七九五年のシィエスが憲法審査院に与えた違憲審査・憲法改正・自然法による裁判という三つの任務はいずれも、実定法が想定していない事態に対して実定法を超越したルールを作るという点で、憲法制定権力の発露と見做すことができる。そして彼はその権限を国民自身から取り上げて、憲法審査院という、それ自体が憲法によって作られた一政治機関の中に取り込もうとする。言い換えれば、国民が自らの意思で自由に声を上げて「革命」に突き進もうとする芽を未然に摘み取り、実務的な規定に即して、人民を排除した上で代表のみによって進められる憲法改正に置き換えようとするのである。

『第三身分とは何か』によって革命を引き起こしたシィエスは、共和暦三年テルミドールの二つの演説では、革命を終わらせ、これ以上の革命を必要としない政治制度を生み出そうとしたのだった。

七　ヴァンデミエールの蜂起

三分の二法案のねらい

憲法草案の審議も大詰めに近づいた一七九五年八月十八日、十一人委員会のボダンが提案した三分の二法案が国民公会で採択された。来るべき新立法府の議員総数七百五十名のうち、三分の二にあたる五百名は現在の国民公会議員から選ばれるものとするという趣旨である。国民公会の当初の議員は七百四十九名であり、人数だけを見るなら、新立法府を国民公会の後継機関と見做すことに無理はなかった。かつて一七九一年秋に議会が交代する際には、第四章一節で述べたように、憲法制定国民議会の議員は来るべき立法議会の議員にはなれないことが決められていた。

そのために立法議会の議員はすべて、議会政治の経験を持たない新人であり、これ以上の革命の進展を望まない国王の動きや対外戦争に効果的に対処できず、結果的に恐怖政治の大混乱を招いてしまった。

この点に関する反省が、三分の二法案の背景になっている。唐突な変化は避け、国民公会議員の政治経験を次の世代の議員に引き継ぎながら、毎年少しずつ入れ替わっていこうと考えたのである。それがいわば公式の理由であるが、別の配慮も働いていた。当時、革命政府の記憶と、その後九五年現在まで続く経済混乱・食糧危機は、共和政そのものに対する反発を引き起こしており、その分、王党派の人気が高まっていた。もし議員全員を新たに選ぶ選挙を行なえば、王党派が新立法府の主流になりかねない。しかし生き残っている国民公会議員のかなりは、かつて国王ルイ十六世の処刑に賛成の投票をしたのであり、自分たちが「国王弑逆者《しぎやく》」として糾弾されるような事態は何としても避けねばならなかった。そのためには、自分たち自身が新立法府の主流を占め、共和政を維持して、政治の右傾化を防がねばならないのである。

そうした配慮にも助けられて、三分の二法案は議会で採択された。イニシアティブを取ったのは中道派である。彼らは、次の立法府でも自分たちが議員に留まることを目指したが、左派の旧山岳派は可能な限り排除しようとした。シィエスは、「代表者は毎年三分の一ずつ入れ替わっていく」という考え、言い換えれば代表者の急激な変化は避けるという考えを革命初期から持っており、彼も三分の二法案に賛成した。それから四日後の八月二十二日に国民公会は九五年憲法を採択し、その使命を最終的に達成した。

蜂起と選挙——ナポレオンの登場

出来上がった憲法は、九三年憲法の時と同様に、国民投票にかけられた。こうした点にも、国民公会があくまで古典的共和主義の原理に固執していたことが窺われる。一七九五年九月二十三日に発表された投票結果では、投票者の九十五パーセントは新憲法に賛成したが、有権者の八割以上が棄権していた。憲法とは別に投票にかけられた三分の二法については、投票総数の三分の一が反対にまわった。すなわち、国民公会が出した結論は、必ずしも国民の支持を得ていないことが明らかになった。こうした状況を見て、パリ市内の三分の二法反対派（主に王党派）は不満をつのらせ、十月五日（ヴァンデミエール十三日）に蜂起した。これが「ヴァンデミエールの蜂起」である。国民公会の側も不穏な状況を察して、テルミドール右派のバラスを中心に議会防衛のための臨時委員会を組織しておいたので、蜂起の知らせが伝わるとすぐに軍隊を出動させ、翌六日までに蜂起を完全に鎮圧した。バラスから目をかけられていたナポレオン・ボナパルトは、パリ市内に大砲を持ち込んで発射するという果敢な策をとって作戦を成功させ、「ヴァンデミエール将軍」とあだ名された。これが彼の立身出世の第一歩となる。

新憲法のもとでの議員の選挙は十月十二日から二十一日にかけて行なわれた。国民公会議員は五百名が選出されなければならなかったが、実際に当選したのは三百七十九名のみで、そのほとんどが右派だった。テルミドール派の主な主導者は皆落選したが、当選した三百七十九名を選挙人として行なわれた補欠選挙のおかげで、辛うじて新議員となることができた。国民公会議員以外から選出される新人議員は、ほぼすべてが王党派だった。当選した共和派議員は、王党派への警戒心から、穏和な立場の者でも可能な限り左派に接近した。その結果、十月三十一日に元老院が選んだ総裁政府のメンバーは、バラス、シィエス、ラ＝レヴェリエール＝レポ、ルベル、ルトゥルヌールとなった。全員が共和派である。

ただしシィエスは、自分の意見が憲法案に入れられなかったのが不満で、総裁への就任を断った。こうした点には、彼の意固地な性格が窺われる。彼の代わりとしてカルノが選出された。革命政府期の公安委員会委員で共和派であるが、総裁政府期に次第に立憲君主派に接近していくことになる人物である。日付は前後するが、国民公会は十月二十六日に解散した。この日、ナポレオン・ボナパルトは国内軍司令官に昇進した。

第六章
ナポレオンとの同床異夢

一　総裁政府体制の出発とボナパルトのイタリア遠征

新たに出現した総裁政府体制の課題は、革命政府が解決し残した政治・経済・社会の諸問題を片付けて、まだ続く戦争に対処しながら立憲政治を確立すること、言い換えれば左派の民衆運動と右派の王党派の双方と対決しながら、両者の中間を歩む「中道の共和国」を樹立することだった。

新立法府の選挙を通じて王党派の脅威が感じ取られたので、バランスをとるため、一七九五年十一月十六日には旧ジャコバン・クラブの後継とも言えるパンテオン・クラブの創設をパリで認めた。ここでリーダーになったのがバブーフである。彼はテルミドールのクーデタの際にはロベスピエールの独裁を批判して、テルミドール派を支持したが、その後の政治の動きを見る中でロベスピエール主義の復活を目指すようになっていた。自らが発行する『護民官』紙の十一月三十日号に「平民宣言」を発表したが、法令では九三年憲法の復活を求める者は死刑とされており、十二月五日に逮捕令が出されたので、地下に潜伏した。総裁政府は左派の活動を封じるため、翌九六年二月二十七日

バブーフ

にパンテオン・クラブの閉鎖を命じた。バブーフは、少数の精鋭が指導する民衆蜂起を目指し、三月三十日に「平等派の陰謀」のための蜂起委員会を組織したが、内部から密告者が出て、五月十日に逮捕された。同年九月九日には、パリのグルネル兵営の部隊がバブーフ派支持の反乱を起こし、翌日までに政府軍に鎮圧される事件が起きている。逮捕されたバブーフとその仲間の裁判は翌九七年の二月に始まって、五月二十六日に結審した。バブーフ本人と仲間の一人であるダルテには死刑判決がくだり、翌日に処刑された。

出版の取り締まり・混乱の解消

左右両派の取り締まりに関連した立法に、シィエスも参加した。一七九六年四月十七日（ジェ

ルミナル二十八日）の法を準備したのであるが、この法は前日の十六日に制定された別の法を前提としている。それでまず十六日の法であるが、全部で十条からなり、その第一条に「口頭もしくは印刷物によって、国民代表もしくは執行総裁府の解散、これら双方の構成員全員もしくは一部の殺害、国王政府・九三年憲法または九一年憲法に基づく政府・ないし九五年憲法によって設立されたもの以外の政府の再建、公共の所有物の侵害、土地均分法などの名目での個別所有物の略奪もしくは分配を教唆する者」は死刑と定めている。第二条以下は、第一条の執行の具体的措置に関する規定である。

シィエスが準備した十七日の法は、この法を基盤として、新聞などの定期刊行物の規制を目指すものだった。やはり十条からなり、定期刊行物にはすべて、著者名および印刷所の名前と住所を明記すること（第一条）、第一条が守られていない場合や、記された情報が間違っていた場合には、初犯は六カ月、再犯は二年の禁錮に処すこと（第二条）、十六日の法で有罪とされる教唆を含む書き物を印刷・配布・販売・展示した者は、教唆した者と同様に処分されること（第五条）、第五条に触れた容疑で逮捕された者は、書き物を持ち込んだ者の名を明かし、著者と印刷者を究明するのに協力する義務を負うこと（第六条）、第五条に触れる書き物の著者は、十六日の法に従って裁判されること（第七条）、印刷者・販売者・分配者・展示者によって著者が明らかにされなかった場合は、これらの者が二年間の投獄、再犯の場合は流刑に処せられること（第八条）、などが規定されている。

すなわち、九五年憲法によって成立した体制を暴力的手段で脅かす者は極刑に処すというのが四月十六日の法の趣旨であり、その法による取り締まりの対象を定期刊行物の著者・発行者にも拡大しようというのが、シィエスによる十七日の法の趣旨だった。厳格で抑圧的な法であり、左右双方の攻撃から中道路線を守り、そのためなら出版や表現の自由に触れる危険も敢えて辞さないという点で、前章の二節で触れた大警察法令と同じ路線である。

一七九六年二月十九日に総裁政府は、経済混乱の原因になっていたアシニア紙幣の廃止を正式に決定し、同日に紙幣印刷の原版を破棄した。しかし正貨が乏しい状態では、なんらかの通貨を発行しなければ様々な物資が流通しない。三月十八日には二十四億リーヴルの土地手形を発行することが決まった。アシニア紙幣と同工異曲の弥縫《びほう》策であり、アシニア紙幣と同じ運命をたどることが予想された。しかし総裁政府は、こうした一時しのぎの策をとる一方で、国有財産の売却に関する代金の納入を促進する施策を講じるなどの地道な措置もとり、九七年二月四日には貴金属貨幣への復帰を正式に決めることができた。

ヴァンデーの反乱と同時期に起きていたシュアンの反乱。地元農民によるゲリラ的な活動は、鎮圧されても散発的に息を吹き返す性質をもっていた

九三年三月に始まり、九五年早春に収まりかけていたヴァンデーの反乱は、九六年一月に再開された。総裁政府はオッシュ将軍に弾圧を白紙委任し、同将軍はもっぱら軍事的手段によって平定した。ヴァンデー軍の一方の指揮官ストフレは同年二月下旬に、もう一方の指揮官シャレットは三月末に、それぞれ逮捕され、銃殺された。

またヴァンデーと類似した農民蜂起で、ブルターニュ北部からノルマンディにかけて展開していたシュアンの反乱（図参照）も、主な参加者は六月下旬には降伏したり、イギリスに向けて逃亡したりした。この結果、総裁政府は西部地方の戦乱の終了を宣言することができた。ヴァンデーもシュアンも、地元の土着の農民によるゲリラ的な活動であるから、農民が不満を抱くきっかけが何かあれば、散発的に息を吹き返す。両者が最終的に消滅させられるのはナポレオン・ボナパルトの統治が始まってからであるが、総裁政府の努力でひとまずは平和が訪れたのだった。

ボナパルトのイタリア遠征

総裁政府期に入っても、諸国が和平条約締結を受け入れる条件が整わないというネガティブな理由から、対外戦争は続いた。一七九六年三月初頭にナポレオン・ボナパルトはイタリア方面軍の総司令官に任命され、自軍が駐屯するニースに向けて旅立った。彼は前年十月の功績で国内軍司令官には昇進していたが、遠征軍を率いた経験はなく、実力は未知数だった。もっとも当時、オーストリアと戦う主力と考えられていたのはジュルダン将軍が率いるサンブル＝エ＝ムーズ軍とモロ将軍が率いるラン＝エ＝モーゼル軍であって、ともにアルプスの北を通って東へ向かう予定であり、アルプスの南を通るイタリア方面軍には、フランスに敵対的な北イタリア諸地方の軍隊がジュルダンやモロの軍を妨害しないように牽制するという、補助的な任務しか与えられなかった。

しかしニースから地中海沿いに東進して、サヴォィア公爵領のピエモンテに入ったボナパルトは、四月に連戦連勝して、同月末にはケラスコ休戦条約を結んだ。実質的にはサヴォィアの降伏である。五月にイタリアに入ると、同月十五日にはミラノに入城した。この町を追われたオーストリア軍はマントヴァに立てこもったので、九七年二月初めまでの約八カ月はマントヴァ包囲戦が中心になる。その後は、アルプスの北をまわるフランス軍がドイツで手こずっている間にもボナパルトは順調に東進し、同年三月下旬にはオーストリアに侵入して、一カ月後には独断で休戦・和平の条約交渉を始めた。またボナパルトは五月二日にヴェネツィア共和国に宣戦布告し、同月十五日に同国を陥落させて、翌日に和平条約を結んだ。

この頃にボナパルトは、自己の影響下に入れたイタリアに、リグリア共和国、チザルピナ共和国など、いくつかの姉妹共和国を創設している。また十一月七日には、ヴェネツィアから取り上げたイオニア諸島をフランスの四つの県に編成した。オーストリアとの正式な和平交渉は五月末に始まり、同年十月十七日に調印された。カンポ＝フォルミオの和約と呼ばれる。イタリア遠征以前からフランスが進出していたライン川左岸の扱いについては、オーストリアは干渉せず、この地に領主権を持つドイツ諸侯を交えてラシュタットで交渉することになった。ボナパルトもラシュタットに赴いたが、交渉が難航して長引くことが予想されたので、自らが関与することは諦め、十二月五日にパリに帰還した。フランスに平和をもたらした常勝将軍として、大歓迎を受けた。

しかしながら、シィエスはボナパルトに批判的だった。ボナパルトがミラノで占領軍を率いる王侯のように振る舞ったのも許せなかったし、イタリアで姉妹共和国を作ったのも不要な反発を招くものと思われた。ヴェネツィアとの戦いは不要だったし、その戦いでイオニア諸島を奪ったのも侵略主義的である。カンポ＝フォルミオの和約でヴェネツィア共和国を廃したことと、ライン川左岸に関してフランスが何かを得たら、同じものをオーストリアも得るようにしたことにも、シィエスは不満だった。彼には、ボナパルトが共和主義の拡張よりも、自分自身の人気取りの方を優先したことが容認できなかったのである。

ボナパルトの部下のベルティエ将軍は、カンポ＝フォルミオの和約について総裁政府に説明するために一足早く帰国していたが、ボナパルトに対して「パリではほとんどの政治家が満足しているが、シィエスとラマルクは別だ」と知らせた。パリに戻ったボナパルトは下手に出て、シィエスに和解を求めている。この時期にはまだ、シィエスの方が政治的な権威においてボナパルトを圧倒していたのだった。

二　フリュクチドール十八日の「クーデタ」

王党派の進出と政府の反撃

一七九七年の三月末から四月にかけて、総裁政府のもとで初めての立法府の選挙が行なわれた。総裁政府は、ネオ・ジャコバンの抑圧に成功しており、ボナパルトのイタリア遠征の成功で人気を得ることもできて、比較的に安定していた。そうした状況を見て、復古王政派と立憲君主政派は選挙のために手を結んだ。オルレアン公を国王に推す党派も加わって、同盟がぎくしゃくする面もあったが、結果的には王党派が選挙で勝利した。

今回改選されるのは九五年十月の選挙で選ばれていた元国民公会議員の半数であり、その多くは共和派である。それが王党派に入れ替わるのだから政治に与える影響は大きい。王党派の人々は九五年の秋頃からパリ北西部のクリシー通りにあるジベール＝デモリエールという裕福な公証人の館に集まるようになっていたので、当時はクリシー派と呼ばれたが、九七年五月二十日にはともにクリシー派のバルベ＝マルボワが元老院の、ピシュグリュが五百人会の議長に選出された。

彼らの主導のもとに、宣誓拒否聖職者の取り締まりなど、共和主義的な趣旨の法律が廃止され、地方行政当局も共和主義的な法の施行を意図的にサボタージュするようになった。穏和な共和派は、クリシー派に対抗して、六月四日に「立憲サークル」（サルム・クラブとも呼ばれる）を開き、シィエス、タレイラン、スタール夫人、バンジャマン・コンスタンなどが参加した。総裁政府はこの動きが結果的にネオ・ジャコバンを利することを恐れ、七月二十五日にこれを閉鎖した。

　総裁政府は、ルベル、バラス、ラ＝レヴェリエール＝レポの「三頭派」、すなわちテルミドール派の流れを汲む共和派が中心だったが、彼らは、五百人会議長のピシュグリュが王政復古の陰謀に加担していることを示す証拠を六月下旬に手に入れたこともあって、立法府と正面から対決することを決めた。ジュルダンに代わってサンブル＝エ＝ムーズ軍を指揮していた共和派の将軍オッシュに連絡を取り、パリに呼び寄せた。七月一日にオッシュは一万五千の兵とともにパリに向かった。同月半ば、総裁政府は大臣たちを共和派の人物に切り替えて、対決姿勢を明確にした。バラスはイタリア遠征中のボナパルトにも助けを求めたので、ボナパルトは部下のオジュローに一部隊を与えて、パリに向かわせた。

　クリシー派はこうした状況を見て、パリの国民衛兵部隊を再組織して対抗しようとし、ピシュグリュもそのための法律を準備したが、総裁政府はその法の執行をサボタージュした。名目的には、このサボタージュを五百人会が咎《とが》め、総裁政府を告発しようとしたのが、両者の対決の直接の原因である。オジュローは八月七日にパリに到着し、パリ駐屯軍司令官に任じられたので、市内のミュスカダンなどを取り締まった。

　これで実働部隊が揃ったので、総裁政府の「三頭派」は九月三日の晩にオッシュ軍をパリ市内に入れ、翌朝、「王政もしくは九三年憲法の再建を目指すものはいずれも、裁判なしで銃殺する」

と告げた。形式的には左右両派を取り締まる内容だが、実質的にはクリシー派の弾圧である。九月五日、総裁の一人のバルテルミ、四十二名の五百人会議員、十一名の元老院議員など、全部で六十五名にギアナへの流刑が宣告された。また五十三の県で選挙が無効と宣言され、百七十七名の議員の資格が剝奪《はくだつ》された。同日、立法府が廃止した共和主義的な法律が復活されるとともに、クリシー派が中心になって定めた法令のいくつかが廃止された。これがフリュクチドール十八日（九月四日）の「クーデタ」と呼ばれる事件である。

軍隊と政治の癒着

「クーデタ」当日の一七九七年九月四日、五百人会は公安と九五年憲法双方の維持のために五名のメンバーからなる委員会を討議抜きで設置し、プラン゠グランプレ、シャザル、ヴィリエ、ブレー・ド・ラ・ムルトとともにシィエスを委員に選出している。これら五人は、一七九九年六月十八日のプレリアル三十日の「クーデタ」、同年十一月九日のブリュメール十八日のクーデタでも行動をともにする「シィエス・グループ」だった。さらに翌日の九月五日には、シィエスは別の三つの委員会のメンバーにもなって、「クーデタ」の後片付けにあたっている。またそれらとは別に、シィエスの詳細な伝記を書いたブルダンとバスティッドはともに、この「クーデタ」の開始においてシィエスはほとんど表に出ることはなかったが、それにも拘わらず、「クーデタ」

のシナリオを書き、舞台のお膳立てをしたのは彼だったと断定している。

フリュクチドール十八日の「クーデタ」は、オッシュとオジュローという二人の軍人が指揮する軍が直接に介入することで可能になった。もう一方の当事者であるピシュグリュも軍人出身だった。ついでに付け加えると、サンブル゠エ゠ムーズ軍の指揮官としてはオッシュの前任者であるジュルダンも、九六年秋には政治家を目指して軍を離れているし、オジュローをパリに派遣したボナパルトも政治への関心は深かった。要するに、総裁政府期に入ると軍（人）と政治（家）の垣根が低くなったのである。

ここで前節の末尾、ボナパルトのイタリア遠征に立ち返ろう。イタリアでの勝利はボナパルトを一躍、国民的英雄にしたが、それ以外にも様々な効果や影響があった。彼は遠征中に、イタリア各地で現地勢力と各種の協定や和約を結ぶ度に、課徴金や賠償金を請求した。それらの一部は本国政府に送られ、財政の立て直しに一役買った。総裁政府が、苦労しながらも財政の再建や経済の立て直しに一応は成功するのは、一部はボナパルトのおかげなのである。

だが、得られた金の多くはボナパルトの手もとに残る。本国政府からの送金は、財政の逼迫《ひっぱく》の影響から滞りがちだったので、ボナパルトは部下の兵隊たちへの給料を自前の資金から払った。その結果、イタリア方面軍は次第にボナパルトの私兵という性質を帯びていく。また各種の軍需物資や食糧、軍馬の飼料の調達も、パリの政府を通さずにボナパルトが直接に行なったので、軍隊と金融業者・納入業者の癒着が深まった。もっとも、軍の私兵化や軍と出入り業者の癒着は、イタリア方面軍のみに見られた現象ではない。軍隊が政府のシヴィリアン・コントロールから外れる動きが生じ始めたのである。

ボナパルトは、オジュローを通じてフリュクチドール十八日の「クーデタ」を側面から援助したのに、それに見合う政治的地位を得られなかったので不満を抱いた。それで総裁のバラスは、彼の機嫌をとるために、カンポ＝フォルミオの和約をボナパルトが自分の望むように修正するのを黙認した。それで、総裁政府は諸国民の自決権を尊重しようとしていたのに、ボナパルトは自分が望むイオニア諸島を手に入れる方を優先した。そして総裁政府は、ボナパルトと彼の軍を敵にまわさないため、自己の政策と矛盾する和約を敢えて批准したのである。また王党派は戦争全般と軍人を批判していたが、軍人と一体のものとして批判された納入業者は、「クーデタ」の費用を積極的に負担している。軍が政治に影響を与える、もしくは政治が軍を意識する傾向がこの時期に広まっていくのであり、後の皇帝ナポレオンの出現の下地が少しずつ作られ始めたのである。

三　第二次総裁政府期

フリュクチドール十八日の「クーデタ」によって総裁政府の権威は強化された。これ以降、一七九九年四月に三度目の国政選挙でネオ・ジャコバン派が改選議員の過半数を占めるまでの二十カ月は、第二次総裁政府期と呼ばれ、執行府が緊急事態に妨げられることなく政治を行なうことができた期間だった。「クーデタ」中の一七九七年九月五日に定められた法令によって、亡命者《エミグレ》と聖職者の取り締まりが行なわれ、そのために通信の秘密が侵されたり、私人の家が家宅捜索に遭うことも生じた。しかし一七九三―九四年のいわゆる恐怖政治期と違って、総裁政府は革命委員会や革命裁判所は作らず、取り締まりは警察のみに委ねられた。すなわち強権は国家に一元化された。また取り締まりの実態は建前よりも緩やかで、裁判所も死刑より流刑を選ぶ傾向があった。それでも取り締まりは成果を収め、王党派の活動は九八年末までに下火になる。

経済と社会の立て直し

総裁政府は財政の立て直しにも取り組み、一七九七年九月三十日には「三分の二の破産」と呼ばれる措置がとられた。国庫の借入金のうち三分の一のみを公債台帳に記入し、その権利書は納税や国有財産の購入の際に貴金属通貨と同じ資格で用いることができるが、残りの三分の二は、国有財産の購入にのみ使用できる金券で支払うというものである。この金券は、通貨としては額面価格よりもずっと低い価値しか持たなかったから、実質的には債権は踏み倒されたに等しい。

この強引な措置によって国庫の借入金は三分の一に縮小され、健全財政に一歩近づいたが、アンシアン・レジーム期からの年金生活者の利益は大きく損なわれた。だがその反面では、額面価格と実際の価値が大きく異なる紙幣や金券の流通、それらを用いた国有財産の購入と正貨での転売は、目先の利く金融業者や軍の納入業者・御用商人などにとっては、投機で大儲けをする絶好の機会になった。その結果フランス革命は、アンシアン・レジーム期とは異なる、新しいタイプのブルジョワジーを生み出すことになる。ともあれこの時期の総裁政府は、財政問題を解決したわけではないにせよ、直接税の自律的な管理や穏和な間接税への復帰を成し遂げた点、財務局を執行府に従属させた点などに、一定の成果を認めることができる。

経済の回復は遅々としていた。革命の初期に始まった国有財産の売却は、購入者が土地を細分化して転売することにより小土地所有農民を増やしたが、彼らは資本が乏しいために冒険はせず、伝統的な耕法を墨守《ぼくしゅ》した。一七九六年から九八年にかけては豊作だったため、農産物価格は下落し、農村部の消費は低迷した。それが工業にも打撃を与えた。戦争の影響で貿易も低調だった。こうした悪条件は確かにあったのだが、他方では総裁（九八年五月からは内務大臣）のフランソワ・ド・ヌシャトーは積極的に生産奨励政策を行ない、経済統計の整備も進めた。彼の主導のもとに、九八年九月十七日から五日間、全国産業博覧会が開かれている。このような行事を開催できる程度には、経済は持ち直したのである。

社会が安定を取り戻すようになると、人々の関心は道徳や宗教にも向かう。とはいえ、反革命や王党派との結びつきが強いカトリックは論外である。九七年一月に、パリの書籍商シュマン＝

デュポンテスが、理神論的な神への信仰に基づく市民道徳を説く敬神博愛教を創始し、総裁のラ＝レヴェリエール＝レポはこれを擁護した。フリーメイソンもブルジョワジーに浸透し、九九年には全国に百ほどの会所《ロージュ》ができていた。総裁政府は、九八年四月三日の布告で、あらゆる行政当局は共和暦に基づいてすべての政治活動を組織することを命じ、同年夏には旬日（共和暦における十日ごとの休日）の休業を命じた。旬日の祭典や祝日の行事を組織して、キリスト教の礼拝に代えようとしたのである。シィエスは、この措置は真の寛容に反するとして、反対した。

九八年春の選挙とフロレアル二十二日の「クーデタ」

このような状況下で、一七九八年春の選挙が近づいてきた。九五年憲法下の新体制ができた時から立法府に残っていた旧国民公会議員約二百五十名が改選を迎えることになる。しかも前年のフリュクチドール十八日の「クーデタ」で追放された議員の後任も補充しなければならないから、全部で四百三十名を超える議員を選出しなければならなかった。もし再び前年のように王党派が圧勝したら、総裁政府の安定が脅かされ、共和国の将来は一気に不透明になる。政府も共和派議員も疑心暗鬼になり、九八年一月には「新たに選出される議員は、現在の議員が資格審査を行なう」という趣旨の法令が制定された。だが実際には王党派は前年の「クーデタ」で弱体化した上、弱気になっており、リーダーの中には棄権を呼びかける者もいた。次第に、王党派よりもネオ・ジャコバン派の進出の方が危惧されるようになった。穏和派＝中道派の共和派議員にとっては、ネオ・ジャコバン派が社会的民主主義を唱えて平等を要求するのも警戒せねばならなくなったのである。

四月九日に始まった選挙は十日ほどで終了したが、立法府による新議員の資格審査に総裁政府が介入した。名目上は王党派とアナーキスト双方の陰謀が告発されていたが、事実上はネオ・ジャコバンが実質的な審査の対象だった。結果的には、五月十一日に、全国で百六名の当選者が失格とされた。これがフロレアル二十二日の「クーデタ」と呼ばれる事件である。シィエスもこの年に改選を迎えたが、オーブ県とブーシュ＝デュ＝ローヌ県の両方で議員に再選された。ただし彼は駐プロイセン大使に着任する用意があることを事前に総裁政府に連絡してあり、五月八日に大使に選ばれて、同月十五日に議員を辞職している。

ボナパルトのエジプト遠征

フロレアル二十二日の「クーデタ」に先立つ一七九八年二月二十三日にナポレオン・ボナパルトは総裁政府にエジプト遠征計画を提案し、三月五日に承認された。そして「クーデタ」後の五月十九日にトゥーロンを出港、七月一日にアレクサンドリアに入港し、翌日に町を占領した。カイロを目指して東進し、同月二十一日にピラミッドの戦いでマムルーク軍を破った。カイロに入ったボナパルトはペストの予防、運河の開削、郵便制度の創設、ナイル川と紅海を結ぶ水路の計画など、様々な社会政策を試みている。

ネルソン提督が率いるイギリス艦隊は八月一日にエジプトに到着し、アレクサンドリアに近いアブキール湾に停泊していたフランス艦隊を襲撃した。水夫の多くが上陸していたフランス艦隊はほぼ全滅し、フランス軍は征服した土地に閉じ込められることになった。ボナパルトがカイロで徴税を試みたことが住民の不満を呼び、十月二十一日に反乱が起きたが、翌日に徹底的な弾圧を行なった。九八年から九九年にかけての冬が明けると、エジプトの宗主権を主張するオスマン帝国がイギリスの支援を受けて、フランス軍を攻撃する計画を立てているというニュースが伝わった。ボナパルトは二月に、これを迎え撃つべくパレスチナに進出した。しかし、エジプトから大砲を運ぶために用いた船がイギリス海軍に拿捕《だほ》され、積荷の武器を奪われたために、五月半ばに撤退を始め、一カ月後にはエジプトに戻っている。

エジプト遠征の影響はヨーロッパにも現れた。フランスでは九八年の夏頃から戦争の再開が意識されるようになり、総裁政府も軍の強化に乗り出した。この時期にはネオ・ジャコバンの勢力が相対的に強化された影響で、革命への情熱や戦争への熱意がそれまでよりも高まっていたという事情もある。この年の九月五日、軍人からネオ・ジャコバン派の議員に転じたジュルダンが主導して、二十歳から二十五歳の未婚男子に兵役義務を課する法が制定された。さらに翌九九年一月には、一七九三年に定められていた兵役免除の規定が廃止され、四月には追加の兵役徴集が行なわれることになる。

他方ではエジプト遠征を受けて、九八年の末から九九年三月初めにかけて、オスマン帝国、ロシア、イギリス、ナポリ王国が相互扶助条約などで互いに結びついた。第二次対仏同盟の始まりである。総裁政府はナポリとサルデーニャの両王国に宣戦布告した。シャンピオネが率いるフランス軍は九八年末にローマを奪還し、九九年一月下旬にナポリに入城した。シャンピオネはナポリをパルテノペアンヌ共和国に作り変えたが、総裁政府は新たな姉妹共和国を望まず、シャンピオネを職権濫用のかどで逮捕した。総裁政府が初めて、軍の独断専行を抑制したのである。

だがこの件で政府に恨みを抱いた将軍たちは、この後は総裁政府に敵対的になる。同盟諸国がフランスを攻撃するためには、プロイセンかオーストリアの協力が必要だった。両国のうちプロイセンは、同盟との交渉をためらっていた。シィエスは九八年五月から駐プロイセン大使になっており、フランスとの同盟を結ばせるのには成功しなかったが、中立を守らせることはできた。オーストリアもロシアとイギリスを警戒して、同盟には消極的だったが、対仏戦争に備えて軍備を強化するとともに、ロシア軍が自国領土を通過することは許可した。フランスはこれを敵対行為と見做し、九九年三月十二日にオーストリアに宣戦布告した。同日、オーストリアは第二次対仏同盟に参加した。戦争の再開から四月末にかけては、ドイツとイタリアでフランスの敗北が続いた。四月二十九日にはミラノをロシア軍に明け渡し、五月五日にはフランス軍はナポリを撤退した。

このような状況の中で、総裁政府下で三度目の立法府選挙が四月に開かれ、ネオ・ジャコバン派が改選議員の過半数を占めた。立法府は当選者全員をすばやく承認して、前年のフロレアル二十二日の「クーデタ」の再来を未然に防いだ。新議会は、総裁政府の戦争指導の不備に関する責任を追及し始めた。「第二次総裁政府期」は実質的に終了した。

四　一七九九年の状況

ここまでを簡単に振り返ると、総裁政府の初期には右派（もしくは反革命）の王党派が主要な敵対勢力だったが、政府はフリュクチドール十八日の「クーデタ」（一七九七年九月四日）で王党派議員を追放した。しかし王党派は、議会勢力としては実質的には消滅しても、潜在的な脅威であることに変わりはなかった。翌九八年春には、彼らに代わって過激な左派であるネオ・ジャコバン派が議会に進出したが、政府はフロレアル二十二日の「クーデタ」（同年五月十一日）によって彼らの多くを当選無効とした。それでも彼らネオ・ジャコバン派は九九年春の選挙で再び勝利を収めたのである。

こうした左右双方の敵対勢力に対してシィエスは、国民公会の末期（一七九五年三月）に大警察法を作成して、出版や報道の自由を制約するという過激な手段を用いてでも中道派の路線を守ろうとしていたのである（本書第五章二節）。九八年夏に戦争が再開してフランスが劣勢に立たされると、シィエスは危機打開のためにも、自らの路線が政治に反映するような制度改革の必要を自覚し、そのために動き出す決意を固めたようである。

プレリアル三十日の「クーデタ」

毎年、新議員の選挙とともに、総裁政府のメンバーが一人交代する。一七九九年五月九日にくじ引きをした結果、ルベルの辞任が決まった。その後任として、五百人会はネオ・ジャコバンの傾向を持つ軍人のルフェーブルを候補に選んだが、元老院は同月十六日にシィエスを選出した。元老院内部には憲法の改正を密かに目論む勢力があり、彼らが「憲法作成の専門家」を自任するシィエスに期待をかけたのである。総裁政府の中でもバラスは、政治的立場はシィエスと一致していたわけではないが、風向きを読み、改憲を視野に入れて、シィエスの選出を支持した。シィエスはすでに見たように、九五年に最初の総裁の一人に選ばれていたが、憲法に不満があるので着任を拒否していた。九八年五月には駐プロイセン大使を引き受けていたが、これはどうやら、政治の混乱が続くパリにいて泥をかぶるのを避けるためで、自分の出番がいずれ近いうちに来ることを信じて、ベルリンで満を持していたようである。連絡を受けるとすぐに総裁職を受諾し、パリに戻って、九九年六月九日に着任した。その後の彼の動きは不明な部分が多いのだが、どうやら活発な政界工作に乗り出したようである。シィエスのパリ帰還とともに、政局が一気に動き出す。

六月五日に立法府の両院は、フランスの劣勢に関する説明を総裁政府に求めていたのだが、シィエス帰国後の同月十六日に改めて説明を求め、回答があるまで両院を常時開催の状態にすることを決めた。同時に、シィエスとバラス以外の総裁が体制変革に敵対的だと見做されて、批判の対象になった。同じ十六日に、総裁の一人であるトレィラールが、総裁着任に関する形式上の不備を理由に、立法府で辞任を求められた。シィエスとバラスが議会に同調したため、翌十七日にトレィラールは総裁を辞任した。後任にはネオ・ジャコバン派に近いゴイエが選出された。

さらにその翌日の十八日（プレリアル三十日）、別の総裁であるラ＝レヴェリエール＝レポとメルラン・ド・ドゥエが公金横領と裏切りのかどで告発された。シィエスが前もって二人に辞任を忠告しておいたので、彼らは即日に辞任した。後任に選ばれたのは、シィエスが推薦するロジェ・デュコと、バラスが推薦するムランだった。またこれに合わせて、大臣が全員交代した。これがプレリアル三十日の「クーデタ」である。

政治状況の変化

この「クーデタ」は、その前の二度のクーデタで総裁政府から攻撃を受けた立法府が、立場を

ジュベール

替えて、総裁政府の責任を糾弾したもので、ある意味では議院内閣制を目指したとも言える。また新たに着任した三人の総裁はいずれも、前年のフロレアル二十二日の「クーデタ」で議員資格を剥奪された者であり、他にもネオ・ジャコバンが役職に就いた。革命政府期に公安委員会委員だったロベール・ランデが大蔵大臣に復帰したのが、そのシンボルである。その意味では、前年のフロレアル二十二日の「クーデタ」に対するネオ・ジャコバン派の意趣返しという面もあった。さらに見方を変えると、総裁政府と不仲になった将軍たちの勝利でもある。逮捕されていたシャンピオネは出獄してアルプス方面軍司令官になり、ベルナドットは陸軍大臣に、ジュベールはイタリア方面軍司令官になっている。だが、シィエスの意図においてもっとも重要だったのは、憲法改正に強く反対しそうな総裁がすべて排除されたことであろう。この「クーデタ」の後、シィエスは総裁政府の議長に任命される。

この後、状況は目まぐるしく変化する。「クーデタ」を受けて、ネオ・ジャコバン派の勢いが強くなり、交戦国や国内の反革命勢力に対抗する施策が採られる。九九年六月二十八日には、ジュルダンの提案に基づき、総動員法が採択された。同月二十七日には同じジュルダンの提案で、富裕層（とりわけ御用商人）を対象にする強制公債案が採択される。さすがにこの案には反対も多く、正式に法制化されるのは八月六日になった。七月十二日には人質法が決められた。騒乱が起きている県では、亡命者《エミグレ》の親族や貴族を人質に取ることを認める法令である。シィエスはこの法案に反対だったが、採択阻止には特に動かなかった。またその直前の七月六日には、テュイルリ宮殿内にネオ・ジャコバンのクラブが設置された。マネージュ・クラブと呼ばれる。

こうした動きに対する牽制は七月半ばから現れた。同月十四日、シィエスは総裁政府議長として、バスティーユ事件の十周年を記念する祝典で演説した。そこで彼は、一七八九年の理念のもとに皆が一致することを説くとともに、公安のための措置は政府自身の手で行なわれなければならないことを説いた。共和暦二年には地方の革命委員会や監視委員会、派遣議員などが、独自のイニシアティブで強制的な措置をとったために、恐怖政治の混乱と行き過ぎを産んだことを想起させ、ネオ・ジャコバンに警告を発したのである。総動員法と物資の強制徴発は人々の苛立ちを誘発しており、強制公債を割り当てられた富裕層の抵抗によって、公債は日標額の三分の一程度しか集まらなかった。七月二十六日には元老院が立法府の敷地内に政治団体を作ることを拒絶したため、マネージュ・クラブはバック街の建物に引っ越した。

八月に入ると、フランスは守勢にまわった。イタリアでは八月十五日に、ジュベールがノヴィの戦いに敗れ、彼自身も戦死した。同月二十七日にはオランダ北部の軍港デンヘンデルにイギリス艦隊が襲来し、ヨーク公が指揮するロシア軍が上陸した。国内では、八月上旬にオート＝ガロンヌ県（県庁所在地はトゥルーズ）で王党派の反乱が起こった。また徴兵拒否者や脱走兵が各地で野盗団となり、農村部を襲った。フランス西部や南東部、中央山塊周辺など、これまでにも反革命の動きが見られた地方で、とりわけ顕著だった。

こうした状況は王党派と反革命を力づけた。一七九三年に処刑されたルイ十六世の弟ルイ十八世は、その弟のアルトワ伯爵に代わって、自ら反革命の指揮を執るようになった。シィエスは九月二日に三十四の王党派新聞の関係者を追放させた。同月十三日にジュルダンは「祖国は危機にあり」宣言を提案した。これは、九二年七月に出された同じ宣言と、それに続く政治的危機や恐怖政治を思い起こさせるので議論になり、翌日否決された。それでも同じネオ・ジャコバン派の議員ガロは数日後、「国土の分割や憲法の変更を支持する者は死刑に処す」という決議を提案し、採択させた。王党派＝反革命とネオ・ジャコバン、総裁政府の三つ巴《どもえ》の争いになったのである。

ボナパルトの帰国

そのような状況にあって、第二次対仏同盟の足並みの乱れから、突然に勝利が舞い込んだ。オーストリアは、イギリスとロシアだけがオランダ・ベルギーに駐留するのを望まなかったので、スイスにいたカール大公にオランダに向かうよう指示した。カール大公はこの指示が危険に思われたので、出発前の九九年八月十七日に、マッセナが率いるフランス軍を破っておこうとしたが、不成功に終わった。はたしてフランスは、九月二十五日から二十七日にかけて、スイスでロシア軍に勝利を収めた。オランダ駐屯中のヨーク公は、九月の十九日から十月六日にかけて、ブリュンヌが率いるフランス軍と戦ったが、陣営内に流行病が広がったため、十月十八日に撤退を決めた。

東方遠征中のボナパルトは、六月にパレスチナからエジプトに戻っていたが、そこでイギリス艦隊の司令官シドニー・スミスから贈られた新聞でフランス政治の現状を知り、帰国を決意する。彼は、九七年十月のカンポ＝フォルミオの和約によってオーストリアに勝利を収めて平和なフランスを築いたのに、自らの留守中にフランスが軍事的に劣勢になったことが不満で、帰国して再び救国の英雄になるとともに、単なる軍の指揮官以上の地位を手に入れようと目論んだのである。ごく少数の腹心だけを連れて、八月二十三日にエジプトを出港、十月九日にフランスに上陸し、その一週間後にパリに戻った。

立法府をはじめとしてパリ全般の雰囲気としては、スイスとオランダでの勝利で一息ついたところに「常勝将軍」ボナパルトが帰国して、「フランスは救われた」という希望が広まった。結果的にはボナパルトも、シィエス同様、先行きが見通せない間はフランスから離れて政治的に無傷で過ごし、いざという時に合わせて「救い主」として帰国したことになった。そして人々の危機感が消滅すれば、穏和派＝中道派がイニシアティブを取ることになる。五百人会は人質法や亡命者《エミグレ》に関する法令の見直しを始め、元老院はガロが提案した決議を破棄した。チボドーは十月三十一日に、強制公債の廃止と、それに代わる直接税の増税を提案した。これは十一月に入って審議されたが、採決は九日（ブリュメール十八日）に持ち越された。

もっともボナパルトの帰国は、総裁政府には困惑をもたらした。マッセナとブリュンヌが勝利を収めた後では、差し当たって他の将軍は不要であり、何をしでかすか予想がつかないボナパルトの再登場は不安だったのである。彼を任務放棄と命令違反のかどで逮捕しようという案も出たが、シィエスが止めた。彼は密かに政治改革を目論んでおり、その実現には軍人の扶助が必要だった。そのためにジュベールを当てにしていたのだが、八月にノヴィで戦死してしまっていたという事情が背景にある。実は総裁政府は、五月二十六日にボナパルトを呼び戻すことを決めていた。部隊とともに時間をかけて帰国することを想定したものだし、その命令書は届かなかったものの、この決定を理由として、ボナパルトの帰国は結果的には合法的なものと見做されることになった。

五　ブリュメール十八日のクーデタ

ボナパルトとシィエス

ボナパルトには政治的な野心があったが、年齢が若すぎて、立法府の議員にも総裁政府のメンバーにもなれなかった。すなわち九五年憲法のもとでは、彼が政治的にリーダーシップを取る余地はなかった。ベルナドットやジュルダンなどネオ・ジャコバンの軍人・政治家の中には、ボナパルトと組んで、自分たちのクーデタを起こすことを目論む者がいたが、ボナパルトはネオ・ジャコバンと活動をともにする意思はなかった。彼は、自らが指揮権を持つ軍はエジプトに残してきてしまったので、政府内部に自らの適法性を保証してくれる人物がいなければ軍人を動かせなかった。総裁のうちの誰かと手を組むことを考え、消去法でシィエスに目を止めた。

シィエスの方は、九五年憲法には自らの構想が十分に反映されていないのが不満だったが、憲法の規定に従って改憲するとすれば、どんなに急いでも七年近くはかかることになる（憲法は第三百三十八条で「五百人会の承認を受けた元老院の提案が、九年のうちに、少なくとも各々三年の間隔をおいて三期連続でなされた時に、改憲議会が召集される」と定めていた）。これでは緊急に改正することは、合法的には不可能だった。必然的に非合法活動に頼らなければならないが、そのためには軍の後ろ盾が必要である。九七年のフリュクチドール十八日の「クーデタ」の際には「王党派の排除」という大義名分があったから軍の協力が得られたが、今回はそうではない。それでも軍を動かすには、兵隊に人気があって影響力の強い指揮官が必要であり、その点でボナパルト以上の適任者はいなかった。

改めて確認しておきたいが、九九年秋の状況は政治体制の危機ではない。再発した対外戦争がフランスに不利になり、それ故にネオ・ジャコバン派の政治的攻勢が続いたが、これは単なる状況の産物であって、憲法に規定された政治体制に起因するわけではなく、通常の政治的プロセスの中で解決されるべき問題だった。しかも戦争の状況はすでに述べたように（ボナパルトにとっては皮肉なことに）、彼の帰国の直前に好転していたのである。言い換えるとシィエスとボナパルトは、現状の改善のためというよりは、自分たちが求める強力な政府の実現のために、クーデタを計画したのだった。ただし、シィエスは強力な権力の実現それ自体を目指していたのに対して、ボナパルトはその権力の奪取を夢見ていたという相違はある。

つまるところ、二人は互いに相手を必要としたのだが、彼ら同士は個人的には反発しあっていた。しかしタレイランが仲介役となって二人を引き合わせ、クーデタのために力を合わせることが決まった。軍への納入業者・御用商人が積極的に資金を提供した。プレリアル三十日のクーデタ以降のネオ・ジャコバンの活動と政策が富裕層に不安を与えていたので、「恐怖政治の復活の危険」をクーデタの表向きの口実とすることになった。議員の一部には計画を知らせて、「クーデタ派」を形成した。

ブリュメール十八日

一七九九年十一月九日（共和暦八年ブリュメール十八日）の朝、議員のコルネが元老院で、右に述べた危機が差し迫っていることを告げた。出席者は、「クーデタ派」議員の示唆に従って、立法府を郊外のサン＝クルーに移すことと、ナポレオン・ボナパルトをパリ駐屯軍の司令官に任命することを決議した。後の決定は憲法違反であり、本来は司令官の任命は総裁政府の管轄だった。しかし総裁の中で「クーデタ派」のシィエス、ロジェ・デュコ、バラスの三人は、元老院の決議と同じ頃に辞表に署名しており、蚊帳の外だったゴイエとムランは、身柄をモロ将軍によって実質的に拘束されていて無力だった。ボナパルトは自宅に将軍たちを集めており、パリ市内とサン＝クルーへの道を守備するための軍を派遣した。

1799年11月9日の夜、地下の仮議場に集められた五百人会。リュシアン・ボナパルトが議長を務めていた

「クーデタ派」の議員は特にシナリオを描いておらず、討論のベースになる文書も用意していなかった。翌十日の昼過ぎからサン＝クルーで議会が再開されると、両院のネオ・ジャコバンの議員が独裁反対を叫び、議論が紛糾した。夕方になってナポレオン・ボナパルトが五百人会の議場に乗り込んだが、「独裁者を倒せ」の叫びに圧倒され、弟で五百人会議長のリュシアン・ボナパルトとともに、命からがら逃げだした。彼はすぐに中庭に兵を集め、議場への突入を命じた。午後五時半頃、軍は五百人会を解散させた。それを知った元老院は、総裁の辞職によって崩壊した政府に代えて、三人の臨時執行委員が任命されるべきことを議決した。

夜九時頃、辛うじてかき集められた五十人ほどの議員によって五百人会が再開され、「共和暦八年ブリュメール十九日の法令」が採択された（図参照）。この法令は、総裁政府の終了を宣言し、この日にクーデタに批判的な発言をした議員五十九名を名指しで議会から追放するとともに、シィエス、ロジェ・デュコ、ナポレオン・ボナパルトの三人を「フランス共和国統領」の名で臨時執行委員会の委員とすること、立法府は当面は活動を停止するが、両院はそれぞれ二十五名ずつのメンバーからなる委員会を組織すること、この委員会は両院それぞれの業務の他に、憲法に加えるべき修正条項を審議することなどを規定していた。これがブリュメール十八日のクーデタである。これによって、九五年憲法と総裁政府体制に終止符が打たれた。

三人の臨時の統領はともにリュクサンブール宮殿を官邸として、そこに移り住んだ。立法府両院の憲法修正に関わる委員会も活動を始めた。シィエスの構想が委員会の原案とされて議論の出発点になったが、ボナパルトはいくつかの点でシィエス案に反対だった。両者はタレイランの仲介で十二月一日に会談し、その翌日にも会合が持たれたが、意見の隔たりは埋まらなかった。三日にボナパルトは両院の委員会メンバーを自分のアパルトマンに招き、自らが議長役を務めて、新憲法の準備を始めた。これはブリュメール十九日の法令を逸脱する行為だったが、誰も咎めず、シィエスもこの会合への参加を余儀なくされた。

同月十二日には、新憲法草案は実質的に完成した。法令に合わせた体裁を整えるため、同日に五百人会の会合が開かれた。十三日に、新憲法の細部には未完の部分が残っていたが、ボナパルトはこの憲法を採択し、細部は追って組織法で定めることにした。同日の晩に臨時統領のシィエスとロジェ・デュコ、および両院の委員会メンバーがボナパルト邸に集まり、彼の要請に従って新憲法に署名した。

ついで新憲法のもとでの三人の統領の選出に移った。ボナパルトは昼間のうちに、自分が第一統領、カンバセレスが第二統領、ルブランが第三統領と決めていた。カンバセレスは国民公会議員として国王の処刑に執行猶予つきで賛成した「国王弑逆者」だった。ルブランはルイ十五世の統治の末期に司法改革を試みたモプーの秘書だったが、総裁政府期には立憲王政派だった。すなわち、カンバセレスに「革命左派」を、ルブランに「革命右派」を代表させ、ボナパルト自身は両者の間の「中道派」の位置を占めて、「中立の裁定者」を装うという構図である。晩の会合では選挙が想定されていたが、ボナパルトはシィエスに新統領の推薦を求めた。彼はボナパルトが決めておいた通りの人物を推薦した。ボナパルトはその見返りに、新憲法によって設置される護憲元老院においてシィエスを筆頭元老、ロジェ・デュコを第二元老とすることを約束した。こうして、一七九九年の憲法と、それに基づく統領政府体制が実質的に始まった。

なお、ブリュメール十八日のクーデタに協力したタレイランは、それ以前の総裁政府期に一七九七年から九九年まで外務大臣を務めていたが、クーデタ後にナポレオン・ボナパルトが第一統領、ついで皇帝となってからも引き続き外務大臣に任用された。だが彼はヨーロッパ列強の勢力均衡を図っており、ヨーロッパ支配を拡大しようとする皇帝の戦略とは相容れなかった。そのため一八〇七年に外相を辞任するが、一八一四年にルイ十八世が即位（第一次王政復古）すると、外相に復帰する。そしてウィーン会議では巧みな外交手腕を発揮し、敗戦国フランスの国益を守った。「陰謀家」、「変節漢」と批判されることもあるが、「オーストリアのメッテルニヒと並ぶ名外交官」という評価もある。

六　シィエスの憲法構想

まずシィエス自身が抱いていた憲法構想を検討しよう。彼にとってはこの憲法こそが、一七八九年か、もしくはそれ以前からの彼の政治活動と政治思想の総決算であり、彼が理想とする政治機構を創出するものになるはずだった。ただし彼は自分自身の憲法草案は執筆していない。ほんの数ページの、要点のみを記したメモを手稿として残したのみである。しかし彼は自らの憲法構想をブレー・ド・ラ・ムルト、ドヌー、レドレルの三人に口述し、筆記させていた。それらの記述は細部では相違が見られるものの、シィエスの構想の概要は知ることができる。そしてそこには、第五章六節で取り上げた、共和暦三年テルミドール二日（一七九五年七月二十日）の演説で彼が述べていた政治構想が、継続して現れていることが確認される。シィエスは、この演説で示した構想が九五年憲法に反映されなかったことが不満だったから、ボナパルトと組んでブリュメール十八日のクーデタを起こし、四年前の憲法案の実施を改めて試みたことが、ここからも確認できるのである。もちろん、一七九九年に新たに（もしくは、大幅に装いを変えて）現れる論点も、当然ながらある。本書では、シィエス自身のメモとブレー・ド・ラ・ムルトの記述、およびいくつかの研究書の記述を参考にして、シィエスの構想の要点をまとめることにしたい。

まず、一七九五年から変わっていない点を確認しよう。立法機関に関する規定はほとんどない。シィエスのメモに、立法院（législature）の議員定数は三百名であること、立法院と併せて、被統治者の希望を法案化する機関として、護民院（Tribunat）が設置されることが記されているに過ぎない。議員定数が削減された以外は、テルミドール二日の演説と同じである。言い換えれば、一七九九年にシィエスは立法機関をそれほど重視していなかった。

統治機関と護憲院

統治機関が政府（gouvernement）と執行権力（pouvoir exécutif）に分けられ、前者が思考もしくは討議を、後者が執行を担当するとされているのも、共和暦三年から一貫している。ただしその機構は変化している。三名の統領（consuls、一名が内政、他の一名が外務を担当）と、それぞれの統領に一つずつの国務院（Conseil d'Etat）が政府とされ、大臣（ministres）と役人（agents）が執行権力とされる。大臣は国務院に従属し、役人を監督して政策を実行するのである。また統治機関の一つとして、役人の職務執行が適切か否かを審査する法務院（Chambre de justice）が設けられるが、これは民間人を対象とする裁判を行なう裁判所とは区別されなければならないとされる。

国務院の任務は四点ある。第一が、統治者としての立場から法案を作成し、立法院に提出することである。この点で国務院は、立法機関に属する護民院と対になる位置を占める。第二は、問題が生じた指示に関して大臣が解釈や確認を求めてきた時に、法令の正しい解釈を示すことである。この点では国務院は「執行審査院（jury d'exécution）」なのである。第三は、公務員の職務執行にかかわる行政命令（règlement）を作成することである。これはあくまで統治機関の関係者のみを対象とするもので、一般市民に義務を課する法令（loi）とは区別される。第四は、大臣が職務として行なったことに関して他機関や市民から苦情が寄せられた場合に、これに対処し、適切な措置を講じることである。以上は内政担当の国務院の任務だが、外務担当の任務もこれに準じる。二人の統領はそれぞれに、自らに所属する国務院の議長を務める。

以上はブレー・ド・ラ・ムルトの説明だが、ドヌーによれば国務院は単一で、これがむしろ上位にあり、二人の統領は国務院に従属する。そして一七九九年の憲法を研究したブルドンは、ドヌー案の方がシィエス自身の考えを反映していると推測している。どちらが正しいのか断定はできないが、政府が国務院と二人の統領であることは両者に共通している。

九五年に憲法審査院の名で提案されていた機関は、九九年には護憲院（collège de

conservateur）という名で提案されている。シィエスは自らのメモで「護憲院に付与される権限は、国民公会での憲法審査院に関する演説で述べたものに示されている」と記している。すなわち法令の違憲審査、改憲の提言、自然法に基づく裁判であって、これらは確かに護憲院の重要な任務とされている。しかし九九年にはそれら以外の役割も付け加えられており、憲法草案のメモではそちらの方がむしろ強調されている。しかし、それらは九九年に新たに提案された要素にかかわってくるものが多いので、新提案を先に説明しよう。

三段階の「信任名簿」

新しい構想としてまず挙げられるのは、「信任名簿」（「名士名簿」、「被選挙資格名簿」とも呼び替えられる）である。九五年に「上昇過程と下降過程」と呼ばれていたプロセスは、九九年に「信任は下から、権威は上から」と説明される。すなわち公的職務に就く人は、その権限行使の対象となる人からの信任を必要とするが、その権限に服する人から選ばれてはならず、任命権は、より上位の権限者が持つ。その双方を可能にするために作られるのが「信任名簿」なのである。

シィエスは、ブレー・ド・ラ・ムルトに筆記させたメモにおいては、フランス全国の能動的市民を六百万人と見積もるのだが、各能動的市民は自分が居住するコミューン（もしくは郡）に集まって、コミューンの公的職務に就くのにふさわしいと思われる人物を、能動的市民の十分の一の人数（総勢で六十万人）だけ選び、名簿に登録する。これが「コミューン名簿」であり、コミューンの公的職務に就く者はこの名簿から、県当局の担当者によって選出される。また「コミューン名簿」に掲載された者は県庁所在地に集まり、自分たちの人数の十分の一（総勢で六万人）を選出して「県名簿」に記載する。県の公的職務に就く者は、国家の担当者によって、この名簿から選ばれることになる。同様にして「県名簿」に掲載された人がその人数の十分の一（総勢六千人）を選んで「国家名簿」に載せる。立法府の議員や執行府の大臣など、国家の職務に携わる人はすべて「国家名簿」から任命されるのである。

これら三段階の名簿は毎年チェックされるが、死亡者を削除したり、市民の信任を失ったと見做される人物を除名したりするだけで、総入れ替えの選挙などが行なわれるわけではない。この制度に従えば、公的職務に就く人間はすべて、被統治者の信任を得た人物でありながら、被統治者からの人気などを気にすることなく、公正に自らの職務を執行できると、シィエスは考えるのである。見方を変えると「信任名簿」制とは、能動的市民といえども、そのほとんどは国政に関わらない制度である。総裁政府のもとでは毎年、国政選挙があり、能動的市民はそれに参加していた。しかしシィエスの構想が実現すれば、国政に関与する可能性があるのは「国家名簿」に掲載された六千名のみであり、その中から誰を選ぶかは担当の役職者が決めることで、一般の市民はまったく関与しない。能動的市民は市町村レベルで公職に就き得る候補者を指名するのみであり、「有権者」として、国民の名で選挙などの政治活動をする機会は、実質的には存在しないのである。

では、そのような市民に残されている権利とは何だろうか。ブレー・ド・ラ・ムルトによれば「社会の構成員として、法と政府の保護のもとに社会の恩恵を享受する権利、すなわち自らの能力と勤勉さを発揮して、私生活での福利に意を用いる権利」、すなわち公権力に干渉されずに私生活の自由を享受する権利である。それは代表者の「自らの公権力の範囲で、人民の名において語り、かつ行動する権利」とはまったく別のものであり、「両者の間に政治的平等は存在しない」のである。

この点は一七九五年には、市民は自分自身で政治を行なえる場合であっても代表に委任するという、「ボルドーへの手紙」の譬えで示唆されていた。シィエスが革命以前からアダム・スミスの分業論に共感していたことは第一章一節ですでに指摘したが、革命が終わりに近づいた一七九九年においても彼は、政治に自己の意見を反映させることよりも、自己の職業に専念するのを妨げられないことの方を、自由の本質として重視するのである。

大選挙官とは何か

共和暦三年テルミドール二日の演説では触れられていなかったもう一つの役職が大選挙官(Grand Electeur)である。もっとも一七九五年よりもさらにさかのぼると、一七八九年九月七日の「国王の拒否権に関する演説」では国王を「筆頭市民=国民の第一人者」、「執行権に対する本性的な監視者」としており(本書第二章四節)、一七九一年のトマス・ペインとの論争では「君主政とは、一人の人物（＝君主）が『選挙人』となって、行政の各部門の長（＝大臣）を、国民の名において、任命ないし罷免する制度」としていた（本書第三章四節）。大選挙官はこうした構想の延長上に生まれる制度である。

すなわち、国民を代表して国民の名において、執行権力の担当者を任命ないし罷免するとともに、担当者から執行権力の活動に関して報告を聞く。ただし大選挙官自身は執行権力の活動には参加せず、それに関する文書にも署名しない。自身が行なった任命・罷免が適切だったか否かについては責任を負うが、執行権力の活動については無答責である。

ドヌーによれば、大選挙官は二人の統領、国務院のメンバー、大臣以下、中央と地方のすべての行政官を任命する。ブレー・ド・ラ・ムルトの説明では大選挙官が任命するのは統領のみであって、統領が国務院のメンバーと大臣を、大臣が自らのもとで働く役人を、順に任命していく。どちらがシィエス自身の案であるかは確認できないのだが、いずれにしても彼の考えでは、ただ一人の人間が執行権力の担当者を任命するから、執行権力の一体性と調和が保証されるのである。九五年憲法での総裁政府のように執行権力全体に目を配る代表が複数いて合議するのでは、この一体性と調和は期待できないのだった。大選挙官はさらに、外国に対してフランスを代表し、国民の一体性・尊厳・偉大さを体現する。それにふさわしい生活を営むために、年五百万リーヴルの収入が与えられ、フランス人であれ外国人であれ、大選挙官の館に招かれるのは大きな名誉・褒賞であるようにする。ただし宮廷は持たず、他者に年金を与えることはできない。すなわち、大選挙官はあくまで官職としての自己の任務を遂行するだけで、私的な利害によって結びつく家臣を持つことはできないのである。

再び護憲院

以上の新提案を踏まえて、改めて護憲院の説明に戻ろう。そのメンバーは百名で、国家名簿に記載された者同士での相互の推薦によって選ばれる。その具体的なやり方については説明されていない。その地位は終身であり、九万ないし十万リーヴルの年金が保証されるが、他の官職との兼任は認められない。すなわち、一度護憲院のメンバーに選ばれたら、生涯を通じてそれ以外の役職には就けないのである。

九五年の憲法審査院には与えられていなかった新たな権能の一つが、信任名簿の中の国家名簿のチェックである。護憲院はこの名簿を点検し、国家の役職にふさわしくないと思われる人物を全体の十分の一まで削除できるのである。すなわち国の官職に就き得るのは、護憲院の眼鏡に適った人物五千四百名から六千名ということになる。ついで、第二の新たな権能として、立法機関の構成員の選出がある。立法院の議員三百名と護民院のメンバーは、護憲院がチェックをした国家名簿の中から、護憲院によって指名されるのである。第三に、護憲院は大選挙官を指名する。そして第四に護憲院は政治上の非常事態に対処する。

シィエスは自らの憲法案に自信を持っており、危機は制度的に未然に防げると考えていたが、それでも有能で野心的な市民が大衆に過度の影響を及ぼす事態を危惧していた。その危険が大選挙官に由来すると認められる場合には、護憲院は「吸収権」を行使する。すなわち護憲院は、その大選挙官を護憲院のメンバーに任命し、自分たちの中に「吸収」してしまうことで、大選挙官の職を辞任させるのである。さらに、なんらかの危機的な事態に備えて、国民衛兵が護憲院の下に置かれている。いざという時には護憲院は国民衛兵を動員できるのである。

だが護憲院が九五年に提案された憲法審査院と大きく異なるのは、右に述べたような政治制度上の役割とは別のところにある。シィエス自身のメモでは、護憲院の役割は、習俗や人々の意識、さらには服飾にも影響を与えることで、「度外れた野心」を抑制することであり、これは君主政のもとでは君主や王族が、古代共和国では世襲貴族が果たしていた役割だと述べている。ブレー・ド・ラ・ムルトの説明では、護憲院のメンバーはサロンを開き、そこに洗練された社会層を迎えることが期待される。習俗・徳・公共奉仕・名声と富などによって社会によい影響を与えるのが、護憲院の社会的役割なのである。

言い換えれば、大選挙官と護憲院は、地位は世襲ではないが、君主政国家における国王と貴族の役割を果たすことが期待されている。すなわち、一七九九年のシィエスが構想しているのは、一七九一年のトマス・ペインとの論争の際の彼の言葉で言えば君主政体であるとともに、そこでイメージされている社会も、当時に実在した君主政国家のそれに近い。しかし同時に、代表制をとる点、君主にあたる大選挙官が世襲ではない点から見れば、ペインが言う意味での共和政であることも確かなのである。一七九九年におけるシィエスの構想は「君主のいる共和政」だったとも言えよう。

現在のヨーロッパでもイタリアとドイツにおける大統領は、首相（原則として、議員選挙で過半数の議席を得た政党の党首）を任命し、首相から定期的に政治の運営に関する報告を受けるが、自らは政治的決定に関与せず、政府の活動に関して無答責である点で、シィエスが構想した大選挙官とよく似た役割を果たしている。

七　九九年（共和暦八年）憲法

ボナパルトは、シィエスの草案にある大選挙官の職に不満だった。この、名誉と報酬は大きくても政治的な実権はないに等しい閑職を自分に押し付け、政治の外に追いやろうとするのが、シィエスの魂胆だと疑ったのである。自分は肥育《ひいく》される豚（le cochon à l'engrais）にはなりたくないと考える。またシィエス案のもとでは、仮に大選挙官になっても護憲院に「吸収」される可能性があり、そうではなしに統領の方を引き受けたとしても、大選挙官によって罷免されるかもしれない。いずれにせよ、自分が思うままに野心的に振る舞える可能性は保証されないのである。一七九九年十二月一日と二日の二度にわたるシィエスとの話し合いでも、疑念は解けなかった。業を煮やした彼は、五節で見たように、自分で憲法草案作成のイニシアティブを取り、三日から十二日までの十日間で新憲法を作り上げる。その間の議論は省略して、出来上がった憲法の骨子を、シィエス案との異同を中心に検討してみよう。

シィエス案との異同

まず三段階の信任名簿の制度は、シィエス案がほぼそのまま採用されている。ただし最初の「郡（シィエス案ではコミューン）名簿」の作成に参加できるのは、二十一歳以上のフランス人男子全員であって、シィエス案のように能動的市民に限定されてはいない（憲法第二―十二条）。前節で述べたように、総裁政府のもとでは国会議員の選挙が毎年行なわれ、その度に王党派もしくはネオ・ジャコバン派の反政府勢力が議会に進出した。それが毎年の「クーデタ」につながって、政治状況は不安定だったのだが、新憲法のもとでは選挙はなく、議員は信任名簿から護憲元老院によって指名されるのだから、そうした混乱は起こり得ないことになる。

護憲院は、護憲元老院と名前を変え、定員は八十名に削減されたが、その職は終身で（第十五条）、他の官職と兼任できない点（第十八条）はシィエス案のままである。護憲元老院は、立法院、護民院、統領、破棄院判事、会計委員を任命し（第二十条）、また護民院もしくは政府から違憲として提訴された法令・政令を審査して、破棄もしくは維持を決定する（第二十一条）。

立法に関しては、法案を提出できるのは政府のみである（第二十五条）。すなわちシィエス案にあった護民院の法案提出権は否定されている。護民院（定員百名）は政府から出された法案を審議し、採択または否決の原案を決めて、立法院に送る。また、信任名簿・立法院の法令・政府の政令に違憲性の疑いがある場合に、護憲元老院に提訴する（第二十八条）。立法院（定員三百名はシィエス案と同じ）は法案に関し、護民院と政府の双方の意見陳述を聞いた上で、自らは審議せずに、法案を可決ないし否決する（第三十四条）。その会期は原則として毎年フリメール一日からの四カ月だけだが、政府は必要に応じて他の時期にも立法院を召集できる（第三十三条）。シィエス案には会期の規定はないが、九一年憲法と九五年憲法では会期は立法府自身が決定できることになっており、それに比べると立法院は自主性が縮小されたと言えるだろう。

政府は三人の統領に委託される。いずれも任期は十年で、無制限に再選可能である（ただし第一回のみ、第三統領の任期は五年）である（第三十九条）。シィエス案では、二人の統領の一方が内政、他方が外交と定められていたが、憲法ではそのような役割分担はなく、第一統領に権限が集中している（第四十条）。すなわち第一統領は単独で法を公布し、国務院メンバー・大臣・大使など外交担当の官僚・陸海軍の士官・地方行政担当官・裁判所の政府代表官を任意に任命および罷免する。また刑事と民事の判事・治安判事・破棄院判事を任命するが、罷免はできない（第四十一条）。それに対して第二・第三統領は、それら以外の政令に関して意見を具申することができるだけである（第四十二条）。また政府は法を提案するとともに、法の執行に必要な行政命令を作成する（第四十四条）。シィエス案においては、行政命令は公務員の職務執行に関する規定に限定されていたが、憲法においてはそのような制限は取り払われている点は注目すべきだろう。財政管理、陸海軍の維持と統制、対外政策の立案と外交交渉・条約締結、宣戦布告と講和も政府の専権事項である（第四十五、四十七、四十九、五十条）。

国務院は、統領の指揮のもとに法案と行政命令を作成し（第五十二条）、またそのメンバーは個別に立法院に出席して、政府の名において法案に関する意見を述べる（第五十三条）。憲法の第五十四条では「大臣が法と行政命令の執行を担当する」、すなわち大臣が執行権力と規定されており、法案と行政命令の作成に関わる国務院は、単なる執行権力とは区別されていることは確かだろう。またシィエス案においては確かに、国務院は政府に位置づけられていた。しかし憲法においては、すでに見たように「政府は三人の統領」と明確に規定されており、国務院は統領の指揮に従うのだから、国務院もまた政府の一部であると見做すのには無理がある。国務院は政府なのか執行権力なのか、憲法では位置づけが不明瞭なのである。もっとも、政府の一員である第二・第三統領も単に意見を具申するだけで、第一統領の決定に口は差し挟めないのだから、第一統領に予定されているボナパルトが政策に関して国務院に相談するつもりなどなかったのは、ほぼ確実であるように思われるが。

その他の特徴

以上が、九九年憲法によって創出される政治制度の骨子だが、この憲法において特徴的だと思われる点をさらに二点、指摘しておきたい。第一は、第二十四条と第三十九条の規定である。本章の五節で述べたように、ブリュメール十八日のクーデタの翌日に出された法令で、シィエスとロジェ・デュコがボナパルトとともに臨時の統領に指名されたわけだが、第二十四条では、臨時統領を辞任するシィエスとデュコは自動的に護憲元老院の議員になることが定められているのである。同条では、この二名と第二・第三統領の四名が護憲元老院の議員の半数を指名し、彼ら全員が残りの議員を選挙すると規定されている。また同様に第三十九条では、第一統領はボナパルト、第二統領はカンバセレス、第三統領はルブランと規定されている。言い換えると、ここに名前の出た五人は、憲法に定められる通常の選出手続きには拠らず、憲法制定権力の担い手である国民の直接の意思表明の結果として、それぞれの地位に任命されているのである。

第二は、第九十三条と第九十四条の規定である。すなわち第九十三条では、フランス革命の開始以降に祖国を離れた者で、亡命者《エミグレ》に対する法令で例外と規定されていない者は帰国できず、亡命者《エミグレ》の財産は不可抗的にフランス共和国に帰属することが規定されている。また第九十四条は、いかなる起源の国有財産であれ、合法的に売却されたものの購入者はその所有権を奪われないことを規定している。これら二点の特徴が持つ意味は、次節で改めて考察しよう。

繰り返すがボナパルトは、シィエスが大選挙官に委ねていた権限を実質的に第一統領のものにした。シィエスが護民院に与えていた法案提出権を否定して、国務院のみが法案を出せるものとした。九五年憲法では総裁政府には法案提出権はなかったのだから、議会に対する政府の優位は大幅に拡大したと言えよう。またシィエスが統治機関の関係者に関する職務規定に限定した行政命令について、その限定を外して、「法の執行のため」という理由をさえつけられれば、どのような規定も行政命令として出せるようにした（すなわち立法権と命令制定権の相違を意図的に曖昧にした）。さらにシィエスが政府の一部とした国務院を統領の単なる補佐役もしくは下請け機関に格下げするとともに、立法院の会期を短縮して、その政治的影響力を削減した。すなわち第一統領になる自分が自由に権力をふるえる範囲を大幅に拡大したのである。

八　シィエス対ボナパルト

大選挙官――シィエスかボナパルトか？

ボナパルトは、シィエスが提案する大選挙官は自分をその地位に就けることを目論んだものだと勘ぐったのだが、はたしてシィエスはボナパルトを大選挙官に想定していたのだろうか。同時代の政治家フーシェも、シィエスの思想を中心にして彼の伝記を著したバスティッドも、ブリュメール十八日のクーデタを研究したゲニフェイも、シィエスは自分自身が着任することを想定して大選挙官を構想したと考えている。そして、この時期にシィエスが置かれた状態を考えた場合、そちらの方が自然であるように思われる。

彼はボナパルトと組むことを決めた時から、その若さと活力に圧倒されており、自分がイニシアティブを取れる余地は少ないと感じていた。「憲法作成請負人」を自任する彼が、自らの憲法草案を文章化しようともせず、単に親しい友人三人にその概要を口述筆記させただけだったのも、そうした一種の諦めの表れである。その上、革命が始まってから十年間の政治活動で疲れてもいた。シィエスは、エネルギッシュなボナパルトと政治権力をめぐって張り合うよりも、自分は一歩引いて、実権には乏しくても穏やかで栄誉と財産が保障された、名誉職的な地位を求めたのである。被統治者である国民を代表して統治者を指名し、政権を委ねるが、自らは実務に携わらず、統治者から報告を聞きながら、その活動を見守るという大選挙官こそが、シィエスの望む立場だった。

別にシィエスだけではない。護憲元老院もまた栄誉と富をもたらす閑職だったが、新憲法の準備にあたる委員会のメンバーの多くがその職を望み、自分たちが有資格者になれるよう、年齢制限を三十歳以上に設定しようとしたのである。ボナパルトはそれを嫌って、年齢規定を四十歳以上としたのだが、総裁政府の末期に議員だった人々もシィエスと似た心境だったことが窺われる。大選挙官という役職は結局、出来上がった憲法には取り入れられなかったわけだが、だからといってシィエスが一方的に譲歩したとは言い切れない。それを示すのが、前節の末尾で指摘した二つの特徴である。まず、新憲法では統治機関の各役職者の選出方法が規定されているが、そうした規定とは別に、スタートの時点ではボナパルトが第一統領に、シィエスが護憲元老院の最初の議員に、それぞれ就任することが憲法の規定として決められている。すなわち、この憲法案を承諾しさえすれば、その後の役職者選出の時点でどんでん返しが起こる危惧はなく、ボナパルトとシィエスの両名はそれぞれが望む地位（シィエスにとっては大選挙官が消滅した後の次善の地位になるが）に就けることが保証されているのである。五節の末尾で述べたように新憲法は厳密には未完で、欠けている部分は追って組織法で定めることが了承されていたのだが、両名の地位はきちんと規定されており、ボナパルトは、そうしたものとして、シィエスに憲法案への署名を求めたのである。

シィエス案の継承

第二の特徴に目を向けよう。総裁政府は、左派のネオ・ジャコバンと右派の王党派の双方からの脅威に常にさらされていた。そしてシィエスの基本的な立場は、本章一節の冒頭でも述べたように、必要なら出版の自由を一部犠牲にするような過激な手段を用いてでも中道派路線を守ろうとするものだった。この路線は、第二・第三統領の人選からも窺われるように、ボナパルトにも継承されており、新憲法にも反映していた。すなわち、王侯貴族の亡命者《エミグレ》は原則的にフランスから排除して王党派の人的基盤を削減し、国有財産として売却された不動産をカトリック教会が取り戻すことは防いで、親王党派的な教会が勢力を回復する芽を摘み、併せて革命からの受益者である国有財産購入者の権利を保障して彼らの共感を得ようとした。それが第九十三条と第九十四条の趣旨である。右側の王党派とは妥協の余地がないことを示している点で、これら二条はシィエスの目指す路線と合致するのである。

　大選挙官以外の点では、すでに見たように、シィエスの提案はかなり九九年憲法に取り入れられている。彼は、一方的に譲歩するどころか、取るべきものは、それなりにきちんと取ったのである。またシィエスを意識したかどうかはわからないが、ボナパルトが一種の自主規制をした箇所もある。君主政と共和政が両立するか否かは、一七九一年のシィエスとペインの論争にも見られるように、微妙な問題である。ただし仮に両立するとしても、君主もしくは君主を取り巻く貴族の地位が世襲である場合には、共和政から外れるか、少なくともあまり共和政的ではないと見做されるのが普通である。

　しかしながら、代表制をとれば君主政であっても共和政だと考えるシィエスは、世襲の問題には無頓着で、地位や役職の後任者の選定方法については明確には規定していない。それに対して、出来上がった憲法では、護憲元老院に欠員ができた場合には、立法院・護民院・第一統領の三者が一人ずつ後任候補を推薦し、その中から護憲元老院が一名を選出すると規定されており（第十六条）、統領は護憲元老院が指名することになっている（第二十条）。結果的に前任者の子供が任命されることはあり得ても、前任者が前もって後任を指名しておくことは制度的には認められていない。ボナパルトは、第一統領として独裁者的な地位を手に入れることになるが、自らが統治する体制にはできるだけ共和政的な外観を与えようと努めたのである。

ボナパルトは、新体制の発足にあたってのシィエスの貢献に報いるために、パリ近郊のクロヌ（Crosne）の国有地を所領として彼に与えたが、これはシィエスに政界からの引退を暗にうながすものでもあった。シィエスの方も統領政府には好意的でなく、パリのシィエスの自宅には反対派の人物が次第に集まるようになった。警戒したボナパルトは彼にパリ退去を命じた。一七九九年十二月二十七日に護憲元老院が開設され、筆頭元老であるシィエスが議長に任命されたのだが、翌二十八日のモニトゥール紙は「シィエス氏はパリ近郊で静養中」と伝えている。護憲元老院の議長も翌一八〇〇年二月十三日に辞任した。その六日前の二月七日に、一七九九年の憲法は国民投票によって圧倒的な多数で承認されていた。

これでシィエスの政治的影響力が完全に消滅したわけではないが、彼の活動の後を追うのはこのあたりまでにしよう。シィエスが、憲法作成の専門家として、フランス革命の過程の主要な場面で影響力を示すのは、一七九九年十二月の憲法の制定で終わるのである。

終章　過激中道派の先駆者

ナポレオン・ボナパルトはこの後、一八〇二年には憲法を改正して終身統領となり、その二年後には再び憲法を改め、フランス共和国皇帝となって、権力の絶頂へと駆け上がっていく。同じ時期のシィエスは、「権力闘争に敗れて、実質的な引退生活を余儀なくされていた」と見ることも、「元老院議員として悠々自適の生活を送っていた」と見ることも、ともに可能な状況である。一八〇六年には帝国伯爵に任じられた。一八一四年四月にナポレオンの退位を認める元老院会議には欠席したが、百日天下には貴族院議員となっている。第二次王政復古の後、一八一六年一月にブリュッセルに亡命し、一八三〇年の七月革命後にパリに戻る。そして一八三六年にパリで、八十八歳の生涯を終えた。

法律の捉え方はどう変化したか

シィエスはフランス革命の十年間、革命政府の時期を除けば政治の重要な場面に必ずと言ってよいほど登場し、その後の革命の進展に影響を与える発言を行なった。そして彼の政治思想は革命の比較的早い時期に完成し、その後はほとんど変化しなかったと一般的に評価されている。

それは、しかしながら、彼の思想が常に一貫していたという意味ではないだろう。第四章の三節で問題にした公教育案のように、シィエス本来の主張なのかどうか疑わしいものは、ここでは取り上げないことにしよう。しかし「法（律）」をどのように定義するかという問題はどうだろうか。『第三身分とは何か』において、彼は法を国民の意思と考え、「いかなる仕方で望もうとも、国民が望みさえすれば十分である。どんな形式でもよい。その意思は、常に最高の法律である」とも、「（国民の）意思は常に適法なのだ。……その上位に位置するものは自然法のみなのだ」とも述べていた。こうしたシィエスの記述は、「一般意志はつねに正しく、つねに公益を目指すことになる」というルソーの『社会契約論』での言葉を想起させる。一七八九年九月七日の国王の拒否権に関する演説でも、「法は被統治者の意思である」としている。

しかしこの演説の直前の八月に、第二章二節で触れたように、教会十分の一税の廃止をめぐって、シィエスは議会で誤解に基づく批判を浴びており、彼の提案は採択されなかった。そのために彼は、議会の意思表明が必ずしも常に正しいとは見做せなくなり、「議会が誤った時にはどのようにしたら正すことができるか」という問題を考えざるを得なくなったのである。

その模索の過程での「経過報告」になるのが一七九一年のペインとの論争であろう。ここでシィエスは、問題を立法権から執行権ないし政府に移している。すなわち法律を作成する過程での過誤を取り除くよりも、執行ないし行政のレベルで適切な措置を考えられるような制度を構想する方向に進んだのである。その結果として生まれるのが共和暦三年テルミドール二日（一七九五年七月二十日）の議会での発言であり、その延長上にある一七九九年の憲法案だった。

これら二つの構想においては、立法府に属する護民院が被統治者の立場から、執行府に属する政府（九九年には政府の中の国務院）が統治者の立場から、それぞれに法案を立法院に提出し、趣旨を説明する。それに基づいて立法院が法を採択するのである。すなわち立法とは、独立した立法権における国民代表の意思表明ではなく、政治に関わるいくつかの機関が協力して、あるべき規範＝自然法を探査・考察し、成文化する作業となった。しかも憲法審査院（九九年には護憲院）が併せて設けられ、違憲審査や自然法に基づく裁判を行なうことで、立法過程における不備を修正ないし補足するのである。

言い換えれば、革命直前の『第三身分とは何か』においてはルソー的な「国民の意思＝法」という図式が見られ、「自然法」の語は軽く形だけ触れられたに過ぎない。一七八九年九月七日の演説でも同様である。しかし革命政府を経て、革命後の政治を構想する段階になってからはそれに代わって、自然法を重視するフィジオクラート的な法律観がはっきりと表に出てきたと言えよう。法律とは何かという問題に関しては、シィエスの立場は革命初期と後期では変化しているのである。そして、実際に作成された憲法について見れば、一七九三年と九五年にはルソー的もしくは古典的共和主義の主権原理が採用されていたのであるから、変化した後のシィエスの構想が九九年の憲法に基本的に採用された意味は大きいと言えよう。従来のフランス革命研究においては、一七九四年夏のテルミドールのクーデタの前と後の断絶が重視されることが多かったが、古典的共和主義の継続か脱却かという点から見れば、九五年と九九年の間に大きな断絶を見ることができるのである。

「近代的共和政」の誕生

すなわち、本書の様々な節で述べたことを改めて図式的に整理すると、古典的共和政とは基本的に、国民の意思を国家の意思＝法とすることを最重要視する制度であり、国民の意思は、まさにそれが国民の意思であるというだけの理由で、必然的に正しいと見做され、それ故に立法権がもっとも重要視される。国民自身が直接に政治討論を行なって決定を下す直接民主政が理想とされるが、それが物理的に不可能な場合は、普通選挙制、命令的委任制、頻繁な国民投票などにより、直接民主政に近づけることが求められる。執行権は立法権に従属し、法の執行のみに専念することが求められ、執行権が政治的なイニシアティブを取ることは基本的に認められない。古典的共和政における国民はまさに「政治的動物」であり、自らの職業や私用よりも政治的決定への参加を優先することが求められるのである。

それに対して、九九年憲法の原理を「近代的共和政」と呼ぶとすれば、その原理は代表制である。国民は基本的には「政治的動物」というより「経済的動物」で、各人はその職業に専念している。その結果として、社会的分業から自然発生的な秩序が生まれている。そうした中でなんらかの理由で政治を担当するのにふさわしいと見做される人物が国民の代表として政治に携わり、社会的秩序の維持や、よりよい秩序の創出にあたるのである。それ故、政治の立法機能・執行機能・司法機能に序列はなく、各政治機関が相互に協力もしくは補完し合いながら、右記の三つの機能を果たしていくのである。(言い換えると、三権分立の原理は文字通りには適用されない。)そして、各政治機関を構成する者(＝国民の代表)の示す意思が「国民の意思」と見做される。(従って、然るべき政治機関が制定した法が世論調査などに示された「国民の意見」と食い違っていても、その乖離自体が直接に政治的な問題とされることはない。)

古典的共和政の理念も消滅したわけではなく、例えば国民投票の制度は生き残っている(実際に行なわれることはほとんどないが)。また、憲法をできるだけ古典的共和政の原理に引き寄せて解釈し、国民のより一層の政治参加を訴える論者も多い。しかし日本をはじめ、現在の主な国で採用されている原理は近代的共和政であって、古典的共和政ではないのであり、一七九九年憲法がその転換点なのである。

後世への影響

一七九九年に、シィエスが提案した大選挙官の役職は退けられ、独裁君主的な第一統領に取って代わられた。また護民院の法案提出権は否定され、国務院のみが提出できることになった。権力闘争として見れば、ボナパルトの圧勝だった。

しかしその後のフランス政治の流れを巨視的に見ると一八三〇年には政府と議会の双方が対等に法案提出権を持つことになり、国務院は、形は変えながらも、現在まで存続している。九九年憲法の規定の中で、十九世紀まで生き延びたものは、ボナパルトによる修正で加わったものよりも、本来のシィエスの構想にあったものの方がずっと多いのである。そうした点においてシィエスは、政治思想史の流れにおいて、アンシアン・レジーム期のフィジオクラートと、コンスタンやトクヴィルなど十九世紀の自由主義を媒介する位置を占めることになった。

過激中道派

しかしながら、革命期全体を通してシィエスが変わらなかった面があることも見落としてはならない。表現の自由の制限である。一七九〇年一月には「印刷によって引き起こされ得る違反に対する法案」を提出して、基本的には表現の自由を認めながらも、過激な印刷物の刊行を取り締まろうとした（本書第三章一節）。一七九五年三月二十一日には、右派の王党派と左派の無秩序な民衆運動の双方を念頭において、大警察法令を提案した。反政府的な活動への煽動を取り締まること、とりわけ議会に押しかけて示威活動を禁止することを目指したものである（本書第五章二節）。翌九六年の四月十七日には再び、政府の政策を批判する出版物を取り締まる法案を提出している（本書第六章一節）。

いずれの場合も、政府が進める中道派路線を守ることを至上命令とし、そのためには左右双方からの攻撃は、表現や出版の自由に制限を加えてでも、排除しようとするものだった。言い換えると、シィエスは政治の基本的な目的は個人の私的な自由を守ることだと考えてはいたが、中道派路線を守ることは自由の擁護に優先するのである。

そして、このような路線がフランス革命期に現れ、フランス政治の底流として根付いたことが、「近代的共和政」の出現と確立と並んで、十九世紀以降のフランスを、その根底において規定したと言えるだろう。パリ第一大学フランス革命史研究所の主任教授であるピエール・セルナは、このように中道派路線を守るためならいかなる過激な手段をも辞さない立場を「過激中道派」と呼び、近現代に一貫して見られる「フランスの毒」で、現在のマクロン政権もその流れを受け継いでいると主張している。シィエスはまさに、フランス革命期の「過激中道派」を代表する政治家の一人でもあったのだった。

参考文献

本書の執筆上参照したもの。
雑誌掲載の論文は含まない。

シィエスに関して

Oeuvres de Sieyès 3 vols., EDHIS, 1989.

Notice sur la vie de SIEYES, Suisse, 1794.

FAURÉ, Christine, *Des Manuscrits de Sieyès 1773-1799*, Honoré Champion, 1999.

FAURÉ, Christine, *Des Manuscrits de Sieyès t.2 1770-1815*, Honoré Champion, 2007.

BASTID, Paul, *Sieyès et sa penée*, Slatkine Reprints, 1978.

BREDIN, Jean-Denis, *SIEYES, La clé de la Révolution française*, Garnier Frères, 1988.

FORSYTH, Murray, *Reason and Revolution, The Political Thought of the Abbé Sieyes*, Leicester University Press, 1987.

KLOTZ, MINARD, ORAIN, *Les voies de la richesses? La physiocrtie en question (1760-1850)*, PUR, 2017.

LARRERE, Chatherine, *L'invention de l'économie au XVIIIe siècle*, PUF, 1992.

OELSNER, Konrad Engelbert, *Des Opinions poitiques du Citoyen Sieyes*, Paris, Goujon fils, an VIII.

PASQUINO, Pasquale, *SIEYES et l'invention de la constitution en France*, Editions Odile Jacob, 1998.

SAINT-BEUVE, Charles Augustin, "SIEYES," in *Causeries Du Lundi*, vol. 5, p.450-471, Garnier Frères,

1853.

SEWELL, William H. Jr., *A Rhetoric of bourgeois revolution, The Abbé Sieyes and What Is the Third Estate?*, Duke University Press, 1994.

ZAPPERI, Roberto, *Emmanuel-Joseph SIEYES: Ecrits politiques*, éditions des archives contemporaines, 1985.

フランス革命研究

BACZKO, Bronislaw, *Comment Sortir de la Terreur Thermidor et la Révolution*, Gallimard, 1989.

BELISSA, Marc, BOSC, Yannick, *Le Directoire La république sans la démocratie*, La fabrique éditions, 2018.

BIARD, M., BOURDIN, Ph., MARZAGALLI, S., *Révolution Consulat Empire 1789-1815*, Belin, 2009.

BIARD, Michel, DUPUY, Pascal, *La Révolution française Dynamique et Ruptures 1787-1804*, Armand Colin, 2004.

BOURDIN, Philippe, GAINOT, Bernard, *La République directoriale (2 tomes)*, Société des Etudes Robespierristes, 1998.

BOURDON, Jean, *La Constitution de l'An VIII*, Carrere Editeur, 1942.

CHAVANETTE, Loris, *Le Directoire, Forger la République*, CNRS Editions, 2020.

CONAC, Gérard, MACHELON, Jean-Pierre, *La Constitution de l'an III, Boissy d'Anglas et la naissance du libéralisme costitutionnel*, PUF, 1999.

DUPUY, Roger, MORABITO, Marcel, *1795 Pour une République sans Révolution*, Presses Universitaires de Rennes, 1996.

FURET, François, HALEVI, Ran, *La Monarchie Républicaine La Constitution de 1791*, Fayard, 1996.

GUENIFFEY, Patrice, *Le Dix-huit Brumaire L'épilogue de la Révolution française (9-10 novembre 1799)*, Gallimard (folio histoire), 2008.

JAINCHILL, Andrew, *Reimagining Politics after the Terror The Republican Origins of French Liberalism*, Cornell University Press, 2008.

LE BOZEC, Christine, *La Première République 1792-1799*, Perrin, 2014.

LEFEBVRE, Georges, *La France sous le Directoire (1795-1799)*, Editions Sociales, 1977.

LEFEBVRE Georges, *Les thermidoriens-Le Directoire*, Armand Colin, 2016.

LUZZATTO, Sergio, *L'Automne de la Révolution Luttes et cultures politiques dans la France thermidorienne*, Honoré Champion Editeur, 2001.

MARTIN, Jean-Clément, *Nouvelle histoire de la Révolution française*, Perrin, 2012.

MONNIER, Raymonde, *Républicanisme, Patriotismeet Révolution française*, L'Harmattan, 2005.

OZOUF-MARIGNIER, Marie-Vic, *La formation des départements; la représentation du territoire français à la fin du 18e siècle*, Editions de l'Ecole des hautes études, 1992.

TROPER, Michel, *Terminer la Révolution La Constitution de 1795*, Fayard, 2006.

その他

HAMMERSLEY, Rachel, *The English republican tradition and eighteenth-century France Between the ancients and the moderns*, Manchester University Press, 2010.

HAMMERSLEY, *Rachel, Republicanism An Introduction*, polity, 2020.
SERNA, Pierre, *L'extrême centre ou le poison français*, Champ Vallon, 2019.

日本語文献

安藤隆穂（編）『フランス革命と公共性』名古屋大学出版会、二〇〇三年。

安藤隆穂『フランス自由主義の成立——公共圏の思想史』名古屋大学出版会、二〇〇七年。

浦田一郎『シエースの憲法思想』勁草書房、一九八七年。

A・J・エイヤー『トマス・ペイン——社会思想家の生涯』（大熊昭信訳）法政大学出版局、一九九〇年。

セレスタン・ギタール『フランス革命下の一市民の日記』（河盛好蔵監訳）中央公論社、一九八〇年。

シィエス『第三身分とは何か』（稲本洋之助・伊藤洋一・川出良枝・松本英実訳）岩波文庫、二〇一一年。

山﨑耕一『フランス革命——「共和国」の誕生』刀水書房、二〇一八年。

掲載図版出典

Oeuvres de Sieyès 3 vols., EDHIS, 1989.（13頁）
ORIEUX, Jean, *Talleyrand, ou, Le sphinx incompris*, Flammarion, 1970.（95頁）
Stanford university, French Revolution Images(https://exhibits.stanford.edu/frenchrevolution)（125頁、136頁、216頁）
VOVELLE, Michel, *La Révolution française, Images et récit 1789-1799*, Messidor/Livre Club Diderot, 1986.（57頁、81頁、129頁、130頁、137頁、163頁、176頁、218頁、236頁、243頁。本文献は一橋大学附属図書館所蔵のものを利用した）

あとがき

NHK出版の倉園哲氏から、フランス革命の通史もしくは概説書の執筆・出版を提案されたのは、二〇一六年だったように思う。あいにく、その時には別の出版社から同じ種類の書物を出す計画が進んでいて、その追い込みにかかっていた時だった。この本は、『フランス革命――「共和国」の誕生』というタイトルで、二〇一八年に刀水書房から刊行されることになる。同じ種類の本を二点は書けないからということで、その場ではお断りした。

ただ、この本の執筆のためにかなり時間をかけてフランス革命史を勉強し直している中で、私はシィエスという人物に関心を抱くようになっていた。この人物を中心に据えて見直してみたら、フランス革命について、これまで気づかれずにいた新しい面が見えてくるのではないかという気がしたのである。折から、私が現役の教授だった頃に担当していた大学院ゼミのかつてのゼミ生が中心になって、「メンバーそれぞれが関心を持つ人物を一人選び、その人物とフランス革命の関わりを論じる論文集を作ろう」という計画が持ち上がっていた。相互に関係のない人物を、しかも、必ずしもフランス革命期を生きたとは限らない人物を「革命」という軸で結びつけるのは強引なようにも思われたが、何度も研究会を開き、合宿までして討論を重ねるうちに、だんだんと全体像が見えてきた。結果的には面白い論集になったと思う。これが高橋暁生編『〈フランス革命〉を生きる』（刀水書房、二〇一九年）である。

私はこの本の第五章「エマニュエル゠ジョゼフ・シィエス――フランス革命の開始」を担当し、一七八九年の一年間に限ってシィエスの活動を追究した。そして、これを敷衍《ふえん》させればフランス革命全体におけるシィエスの位置や役割を明らかにできるのではないかという気がした。それで倉園氏に、「シィエスから見たフランス革命というテーマで、刀水書房のフランス革命論が完成してから準備に取り掛かるという前提で構わなければ」との条件付きで、執筆をお約束することにした。

『フランス革命――「共和国」の誕生』の執筆のために改めて学んだ知識をベースにして、その上にシィエスの折々の活動を載せていけば一冊の書物としての構想が出来上がると思ったし、それを文章にまとめるには二年もあれば十分だろうと予想したのだが、私の見通しは甘かった。つまり、一七八九年の初めに出版した三点のパンフレットはいずれも論旨が明快だから、政治の場では様々な駆け引きがあるにせよ、シィエスは基本的には自らの思想をわかりやすく語る人なのだと、勝手に思い込んでいたのである。

実際には、例えばコンドルセは、本文中で見たように、自らの信念を比較的ストレートに語る人であるが、それに比べるとシィエスは、「物事の必然の流れ」に逆らわないために、語るべき時にも沈黙したり、韜晦《とうかい》戦術に出たりすることがしばしば見られる。そうした際に、彼が置かれた状況を理解し、その上で彼の真意を探るのは、かなり時間のかかる作業だった。また、フランス革命後半の五年間は、前半に比べると、フランス本国においても研究の蓄積が相対的に少ない。また書物によって力点の置き方が異なる場合がある。それらを読み比べて、事実の流れをどのように解釈すべきか、改めて考え込むこともあった。

　そうした事情が相俟って、当初の予想の倍くらいの日数を費やすことになってしまった。しかしそのおかげで、前著では論述が不十分だった部分を補強したり、新たな論点を付け加えたりすることができた。本書の執筆を引き受けてよかったと思う。書いている間は焦ることもあったが、ともあれ完成することができて、ほっとしている。

　それでも、書ききれなかった点も多い。本文中でシィエスとフィジオクラシーないしはフィジオクラートとのつながりについて触れたが、その具体的な内容、もしくはシィエスの社会思想史上での位置づけは十分にはできなかった。また共和政・共和主義は日本でも比較的に最近になってから研究者の興味を惹くようになったテーマである。本書では古典的共和政と近代的共和政の対比として描いたが、共和政の諸類型とそれら相互の位置関係についてはまだ補足すべき点があるかもしれない。もし本書を読んでシィエスに関心を持った方がそうした問題の解明を引き継いでくださったら、著者としては望外の喜びである。

　本書の執筆を勧めてくださった倉園哲氏は、原稿の完成が遅れるのを辛抱強くお待ちくださり、時々は絶妙のタイミングで激励の電話やメールをくださり、完成後は入念にチェックをして修正・改善が必要な箇所を指摘してくださった。同氏が伴走してくれなかったら、本書は出来上がらなかったかもしれない。記して謝意を表したい。

二〇二三年七月

山崎耕一

関連年表

1748 5.3 E＝J・シィエス誕生

1774 シィエス、ソルボンヌで神学の学位を取得

1775 シィエス、「経済学者への書簡」執筆、司祭リュベルサックの秘書に

1786 8.20 カロンヌ、国王に財政改革案を提出

1787 2.22 第1回名士会召集 4.8 カロンヌ財務総監罷免、後任ブリエンヌ 5.25 名士会解散 6月 州議会設置の勅令 8.15 ブリエンヌ、パリ高等法院をトロワへ追放 9.4 ブリエンヌ、1792年の全国三部会開催を約束、高等法院のパリ帰還を承認

1788 5.3 パリ高等法院、「王国基本法の宣言」発表 5.8 国璽尚書ラモワニョンによる司法改革（～9.14） 8.8 国王とブリエンヌ、翌年5.1の全国三部会召集を宣言 8.24 ブリエンヌ罷免、26日にネケールが財務長官に 9.17 ラモワニョン罷免 9.21 パリといくつかの地方の高等法院、全国三部会に1614年の方式を要求 11.6 第2回名士会召集。三部会の方式を決められないまま12.12に散会 12.27 国王顧問会議、第三身分議員の倍増に同意。投票を1人1票とするか否かは表明せず

1789 1月 『第三身分とは何か』初版 2月 全国三部会の選挙 5.5 ヴェルサイユで全国三部会開会 5.6 第三身分議員、「庶民院」と名乗る。議員資格審査をめぐり特権身分と対立 5.19 シィエス、パリの第三身分代表として議員選出 6.10 シィエス、三部会で最初の発言「特権2身分に共同の資格審査を」 6.17 第三身分議員、「国民議会」を名乗る 6.19 聖職者議員、国民議会への合流を決定。貴族身分は変革拒否 6.20 国王、国民議会議場を閉鎖。議員は室内球戯場で宣誓 6.23 三部会の親臨会議。閉会後、第三身分議員は解散を拒否 6.27 国王、貴族と聖職者の議員の国民議会への合流を要求 7.9 国民議会、「憲法制定国民議会」を名乗る 7.11 国王、ネケールを罷免。これが翌日パリに伝わり、情勢が不穏に 7.14 バスティーユ攻略。シィエスは憲法委員会委員に 7.20-8月上旬 農村部で「大恐怖」 8.4 議会、封建制廃止を宣言。8.11に正式な法に 8.26 議会、「人および市民の権利の宣言」採択 9.7 シィエス、議会で国王の拒否権に関して発言 9.11 議会、国王に停止的拒否権を認めると決定 9.29 トゥーレ、行政区画案を発表 10.2 シィエス、行政区画案の解説パンフレット発表 10.29 能動的市民と受動的市民に関するトゥーレ案採択 11.2 議会、聖職者の財産が国民に委ねられると決定 11.11-12 議会、全国を県-郡-市町村に区分すると決定（実施は12.22）

12.19-21　国有化した教会財産の売却とアシニア紙幣の発行が決定

1790　1.15　83県の創設が決定　1.20　シィエス、「印刷によって引き起こされ得る違反に対する法案」提出　2.12　シィエス、「聖職者に関する臨時デクレ案」発表　2.13　議会、修道宣誓禁止と修道院廃止を布告　3.19　シィエス、司法構想案提出　7.12　議会、聖職者市民化法を採択　7.14　第1回全国連盟祭　11.27　議会、聖職者に聖職者市民化法への宣誓を要求。これを国王が12.26に裁可、聖職者に宣誓を厳命

1791　2.2　聖職者市民化法を受け入れる立憲派司教の選挙が始まる　4.11　パリ県代表部、教会の管理に関する17条の条例　4.18　サン=クルーへ向かおうとする国王一家がパリ民衆に止められる　6.20　国王一家、変装してパリを脱出するが6.21-22深夜にヴァレンヌで逮捕・送還。6.25にパリ帰還　7月　シィエス、ペインと論争　7.15　コルドリエ・クラブ、共和政を求める請願書を提出　7.16　ジャコバン・クラブが共和政をめぐって分裂、穏和派がフイヤン・クラブ創設　7.17　コルドリエ・クラブ、共和制を求める請願書に署名する集会。国民衛兵が発砲（シャン・ド・マルスの虐殺）　8.27　ピルニッツ宣言　9.3　1791年憲法を議会が採択。9.13に国王が裁可　9.30　憲法制定国民議会解散　10.1　立法議会開会　10.20　ブリソ、列強との戦争を主張。ジロンド派は主戦論に　12.12　ロベスピエール、ジャコバン・クラブで戦争反対の演説。12.18も同様

1792　4.20　仏、オーストリア（以下、墺）に宣戦布告　7.11　議会、「祖国は危機にあり」宣言　7.27　亡命貴族の財産を国有財産として売却する法令が採択　8.9　パリに蜂起コミューンが作られ実質的に市政を担う（～1794.7.29）　8.10　国民衛兵とパリ市民、テュイルリ宮殿襲撃。議会は王権停止・国王監禁・国民公会召集を布告　9.2-5　パリ民衆、監獄を襲い囚人を虐殺　9.21　国民公会、君主制廃止を決議　9.22　公文書の日付に「フランス共和国第1年」と記すことが決定　11.13　国王裁判開始

1793　1.20　ルイ16世の死刑確定。1.21に処刑　2.1　仏、英国・オランダに宣戦布告　2.15　コンドルセ、憲法草案（ジロンド派憲法案）を国民公会に提出　2.17　仏軍、オランダへ進入　2.24　軍への30万人動員令、国民公会で評決。動員促進のため3.9に全国の県へ議員を派遣　3.10　パリに特別刑事裁判所（革命裁判所）設置　3.11　30万人動員に反発してヴァンデーで反乱　3.18　仏軍、ネールヴィンデンで墺軍に敗れる　3.21　国民公会、革命監視委員会の全国への設置を決定　4.6　国民公会内部に公安委員会を設置　4.9　軍隊への派遣議員制度が策定　4.11　国民公会、アシニア紙幣の強制流通を決定　5.31　パリの国民衛兵、反ジロンド派的な政策を要求して国民公会を包囲　6.2　パリの国民衛兵と民衆が再び蜂

起。国民公会、ジロンド派議員29名の逮捕を決定　6.14　英・オランダ・スペインが反フランスの同盟を締結　6.24　1793年憲法と新たな人権宣言、議会で可決　7.10　公安委員会委員改選、ダントン外れる　7.27　ロベスピエール、ガスパランの後任として公安委員会に参加　9.5　国民公会、「革命軍」創出を決定。革命裁判所が拡充　9.29　国民公会、最高価格法を制定　10月　非キリスト教化運動が始まる（～11月）　10.10　国民公会、平和到来まで政府は革命的であると宣言　10.14　「外国人の陰謀」事件が告発される　11.7　パリ大司教ゴベル、国民公会で「還俗」儀式　11.10　ノートルダム大聖堂で「自由と理性の祭典」　11.16　カリエと革命委員会がナントで最初の溺死刑を執行　11.17　ダントン派のシャボ、バジルがインド会社清算に関する汚職事件で逮捕　12.4　革命政府の組織に関する法令（フリメール14日法）が国民公会で採択　12.5　カミユ・デムーラン、『ヴュ・コルドリエ』紙を創刊　12.6　礼拝の自由を認める法令が国民公会で採択　12.19　初等教育に関する法令（ブキエ法）採択　12.25　ロベスピエール「革命政府の諸原則に関する報告」

1794　2.5　ロベスピエール演説「国民公会を導くべき政治的道徳の諸原理」　3.13　エベール派逮捕、3.24に処刑　3.30　ダントン派逮捕、4.5に処刑　4.19　過酷な弾圧をした派遣議員21名が召還　5.8　地方の臨時裁判所の大半が廃止、「恐怖政治」がパリに集中　6.8　最高存在の祭典　6.10　プレリアル22日法、国民公会で可決　6.26　仏軍、フルーリュスの戦いで墺軍に勝利。フランス国土、再び解放　7.27　テルミドール9日のクーデタ。ロベスピエール派はパリ市役所に立てこもるが7.28未明に逮捕、同日処刑　7.29　パリの蜂起コミューン廃止（1792.8.9～）。政府委員会委員は毎月4分の1ずつ改選と決定　8.1　プレリアル22日法廃止　8.24　革命政府の改組。16の委員会が新設、公安委員会は権限縮小　8.29　パリでミュスカダンなど反革命派の若者が初めて示威活動　9.17　仏軍、オランダに進出　10.11　J＝J・ルソーの遺骸がパンテオンへ　10.29　国民公会、派遣議員の活動審査のため21人委員会の設置を決定　11.9　パリの「金ぴか青年団」がジャコバン・クラブ襲撃。これを受け11.12に国民公会はジャコバン・クラブ閉鎖を命令　11.23-24　国民公会、派遣議員カリエの告発を決定　12.8　国民公会、追放されていたジロンド派議員の復帰を認める　12.16　カリエ処刑　12.24　最高価格法廃止　12.27　国民公会が公安委員会のバレール、コロ＝デルボワ、ビヨ＝ヴァレンヌ、保安委員会のヴァディエを恐怖政治の責任者として告発。シィエスは21人委員会の委員に

1795　1.19-20　仏軍、アムステルダムに進入。オランダの愛国派、各地で革命委員会を結成。オランダ州総督、英国に亡命　2.3　バタヴィア共

和国成立。フランスの姉妹共和国政策開始　**2.9**　トスカナ大公、フランスとの和平に調印。対仏同盟解消のきっかけに　**2.17**　ラ・ジョネの和約。ヴァンデーの和平の開始　**3.21**　シィエスが大警察法令案を議会に提出、即日採択　**4.1**　パリのサン＝キュロットが暴動（ジェルミナルの蜂起）。同日、国民公会はバレール、コロ＝デルボワ、ビヨ＝ヴァレンヌ、ヴァディエを流刑に。組織法を準備するための7人委員会の設置を決定　**4.5**　バーゼル講和条約調印（国民公会は**4.14**に批准）。プロイセンがフランス共和国を承認　**4.23**　7人委員会が11人委員会に改組される。シィエスは当初留任したが、**5.4**に去る　**5.6**　国民公会、1793年憲法を施行しえないと認め、新憲法の準備へ　**5.20**　プレリアルの蜂起。パリの民衆蜂起はこれが最後に　**6.17** 死刑宣告を受けたジャコバン派議員6名中3名が自殺、3名はギロチンで処刑（プレリアルの殉教者）　**6.23**　ボワシ・ダングラ、国民公会で新憲法案を発表　**7.20**　シィエス、憲法草案に関して議会で発言。**8.5**には憲法審査院に焦点を絞って発言　**8.18**　3分の2法案採択　**8.22**　国民公会、1795年憲法採択 **10.5-6**　3分の2法に不満な王党派がパリで反乱（ヴァンデミエールの蜂起）。バラス、鎮圧にナポレオン・ボナパルト将軍を起用　**10.26**　国民公会解散　**10.31**　元老院がバラス、ラ＝レヴェリエール＝レポ、ル＝トゥルヌール、ルベル、シィエスの5人を総裁政府メンバーに選出。シィエスは着任を断り、数日後にカルノと交代　**11.16**　旧ジャコバン派がパリにパンテオン・クラブを設立。主な弁士はバブーフ　**11.30**　バブーフ、「平民宣言」掲載。**12.5**以降、地下に潜伏

1796　**2.19**　アシニア紙幣廃止　**2.23**　ヴァンデー軍指揮官ストフレ逮捕、2日後に銃殺　**2.27**　総裁政府、パンテオン・クラブ閉鎖命令。翌日ボナパルトが執行　**3.2**　ボナパルト、イタリア方面軍指揮官に　**3.18**　24億リーヴルの土地手形創設　**3.23**　ヴァンデー軍指揮官シャレット逮捕、**3.29**に銃殺　**3.30**　バブーフ、「平等派の陰謀」の蜂起委員会を組織　**4月**　イタリア戦役開始　**4 17**　シィエス、定期刊行物の規制法案を議会に提出　**4.28**　ケラスコ休戦条約締結　**5.4**　バブーフ派グリゼル、「平等派の陰謀」を政府に密告　**5.10**　バブーフ派逮捕　**5.15**　ボナパルト軍、ミラノに進入。**6.3**にヴェローナに進入し、その後マントヴァを包囲、その攻略が墺軍との戦いの中心に　**6.19-22**　シュアン軍の一部が降伏。別のシュアン軍は英国へ逃亡　**9.9-10**　パリでバブーフ派支持の反乱、政府軍が鎮圧。死者20名。32名が**10.10**に死刑判決　**10.14**　リールで対英和平交渉開始（**12.19**に決裂）

1797　**2.4**　貴金属通貨への復帰を正式決定　**2.20**　バブーフ派の裁判が高等裁判所で開始　**4.4**　選挙で王党派（クリシー派）勝利　**5.2**　ボナ

パルト、ヴェネツィアに宣戦布告し5.15に入城　5.20　元老院でバルベ゠マルボワ、五百人会でピシュグリュが議長に　5.27　バブーフとダルテ、死刑執行　6.4　立憲サークル開設、総裁政府が7.25に閉鎖　7.16　政府、親クリシー派閣僚を更迭　8.7　政府擁護のためボナパルトが派遣したオジュロー、パリ到着　9.4　フリュクチドール18日の「クーデタ」。第二次総裁政府が始まる　9.5　議会、王党派を取り締まる一連の法律を採択。177名の議員が追放される　9.30　「3分の2破産」措置　10.17　仏墺間でカンポ゠フォルミオの和約　11.7　ボナパルト、イオニア諸島をフランス4県に編成　12.10　ボナパルトの凱旋祝賀会を政府が開催

1798　2.23　ボナパルト、エジプト遠征計画提出。3.5に総裁政府が承認　4.9　国政選挙開始　4.21　スイスにヘルヴェティア共和国創設　5.8　シィエス、駐ベルリン大使に　5.11　フロレアル22日の「クーデタ」。ネオ・ジャコバン議員の多くが当選無効に　5.19　ボナパルト、出港。7.2にアレクサンドリアへ上陸し町を占領、7.21にピラミッドの戦いで勝利　8.1　仏艦隊、ネルソン率いる英艦隊により壊滅　9.17-21　パリで全国産業博覧会　12.29　英・露・ナポリ王国で第二次対仏同盟

1799　3.12　仏は墺に宣戦布告。墺は対仏同盟に参加。4月末にかけてドイツとイタリアで仏軍敗北が続く　4.18　国政選挙の結果、改選議員の過半数がネオ・ジャコバン派に　5.9　くじ引きでルベルが総裁から外れ、5.16に元老院がシィエスを後任に選出。6.9に駐ベルリン大使だったシィエスがパリに帰還　6.18　プレリアル30日の「クーデタ」。ラ゠レヴェリエール゠レポとメルラン·ド·ドゥエが総裁を辞任。後任デュコ、ムラン将軍　7.6　パリにネオ・ジャコバンのマネージュ・クラブ創設　7.12　人質法可決　7.26　マネージュ・クラブ、バック街へ　8.6　南仏で王党派の反乱　8.15　ノヴィで仏軍敗北、ジュベール戦死　8.23　ボナパルトが仏帰還を決意、エジプト出港　9.2　ネオ・ジャコバンと王党派のいくつかの新聞が発行禁止　9月　マッセナとブリュンヌがそれぞれ率いる仏連合軍、相次いで英露軍に勝利　10.16　ボナパルト、パリ帰還　10.23　リュシアン・ボナパルト、五百人会議長に選出　11.9　ブリュメール18日のクーデタ。五百人会はサン゠クルーへ移動、バラス、シィエス、デュコの3人の総裁が辞任　11.10　クーデタの続き。ボナパルト、シィエス、デュコの3人が臨時執行委員に　12.12　ボナパルト、カンバセレス、ルブランの3人が統領に　12.13　1799年憲法採択、人質法廃止　12.15　新憲法公布　12.27　元老院設立、シィエスが議長に

ナ 行

ハ 行

マ 行

ラ 行

人名索引

本書に登場する人物の中から特に重要な人物に限った。

© Maruyama Mitsuru

山﨑耕一（やまざき・こういち）

1950年、神奈川県生まれ。一橋大学社会学部卒、同大大学院社会学研究科博士課程を単位取得退学。博士（社会学）。武蔵大学人文学部教授などを経て2000年から2014年まで一橋大学社会科学古典資料センター教授。2005年から国際フランス革命史委員会副委員長、2015-22年は委員長。

著書に『啓蒙運動とフランス革命――革命家バレールの誕生』（刀水書房）、『フランス革命――「共和国」の誕生』（刀水書房）、共編著に『比較革命史の新地平――イギリス革命・フランス革命・明治維新』、『フランス革命史の現在』（ともに山川出版社）、訳書にR.セディヨ『フランス革命の代償』（草思社文庫）など。

NHK BOOKS 1281

シィエスのフランス革命
「過激中道派」の誕生

2023年 9 月25日　第１刷発行

著　者　山﨑耕一

© 2023 Yamazaki Koichi

発行者　松本浩司

発行所　NHK出版

東京都渋谷区宇田川町10-3　郵便番号150-0042

電話 0570-009-321（問い合わせ）　0570-000-321（注文）

ホームページ　https://www.nhk-book.co.jp

装幀者　水戸部 功

印　刷　三秀舎・近代美術

製　本　三森製本所

本書の無断複写（コピー、スキャン、デジタル化など）は、

著作権法上の例外を除き、著作権侵害となります。

落丁・乱丁本はお取り替えいたします。

定価はカバーに表示してあります。

Printed in Japan　ISBN978-4-14-091281-2 C1322

NHK BOOKS

＊歴史(Ⅱ)

フランス革命を生きた「テロリスト」—ルカルパンティエの生涯— 遅塚忠躬
文明を変えた植物たち—コロンブスが遺した種子— 酒井伸雄
「棲み分け」の世界史—欧米はなぜ覇権を握ったのか— 下田 淳
ローマ史再考—なぜ「首都」コンスタンティノープルが生まれたのか— 田中 創
グローバル・ヒストリーとしての独仏戦争—ビスマルク外交を海から捉えなおす— 飯田洋介
アンコール王朝興亡史 石澤良昭

＊文学・古典・言語・芸術

日本語の特質 金田一春彦
言語を生みだす本能(上)(下) スティーブン・ピンカー
思考する言語—「ことばの意味」から人間性に迫る—(上)(中)(下) スティーブン・ピンカー
小説入門のための高校入試国語 石原千秋
評論入門のための高校入試国語 石原千秋
ドストエフスキイ—その生涯と作品— 埴谷雄高
ドストエフスキー 父殺しの文学(上)(下) 亀山郁夫
英語の感覚・日本語の感覚—〈ことばの意味〉のしくみ— 池上嘉彦
英語の発想・日本語の発想 外山滋比古
絵画を読む—イコノロジー入門— 若桑みどり
フェルメールの世界—17世紀オランダ風俗画家の軌跡— 小林頼子
子供とカップルの美術史—中世から18世紀へ— 森 洋子
形の美とは何か 三井秀樹
オペラ・シンドローム—愛と死の饗宴— 島田雅彦
伝える！ 作文の練習問題 野内良三
宮崎駿論—神々と子どもたちの物語— 杉田俊介
万葉集—時代と作品— 木俣 修
西行の風景 桑子敏雄
深読みジェイン・オースティン—恋愛心理を解剖する— 廣野由美子
舞台の上のジャポニスム—演じられた幻想の〈日本女性〉— 馬渕明子
スペイン美術史入門—積層する美と歴史の物語— 大髙保二郎ほか
「古今和歌集」の創造力 鈴木宏子
最新版 論文の教室—レポートから卒論まで— 戸田山和久
「新しい時代」の文学論—夏目漱石、大江健三郎、そして3・11後へ— 奥 憲介

※在庫品切れの際はご容赦下さい。